EISRIESENWELT ⭐7

Auch ohne selbst durchs Eis zu klettern, kannst du die geheimnisvolle Welt der Gletscher erkunden: in der größten erschlossenen Eishöhle der Welt.

➤ S. 89, Tennengau & Pongau

BURG MAUTERNDORF ⭐8

Mittelalterliche Schaukämpfe und geheimnisvolle Burgeinblicke.

➤ S. 100, Lungau

GROSSGLOCKNER-HOCHALPENSTRASSE ⭐9

Durchs Herz des Nationalparks geht's zum höchsten Berg Österreichs (Foto).

➤ S. 115, Pinzgau

KRIMMLER WASSERFÄLLE ⭐10

Im erfrischenden Sprühregen durchatmen und die imposante Kraft des Wassers erleben.
📷 *Tipp: Für richtig gute Fotos solltest du dich etwas von den Fällen entfernen. So fängst du die mächtige Wasserkraft des Naturwunders ein*

➤ S. 119, Pinzgau

INHALT

FLACHGAU

STADT SALZBURG

SALZKAMMERGUT

TENNENGAU & PONGAU

PINZGAU

LUNGAU

SALZBURGERLAND

SALZKAMMERGUT
SALZBURG

INSIDER-TIPP
Deine Abkürzung ins Erleben!

Reisen mit MARCO POLO
Insider-Tipps

MARCO POLO TOP-HIGHLIGHTS

DOMQUARTIER SALZBURG ⭐1

Das einzigartige Museums-Highlight zeigt auf 15 000 prachtvollen Quadratmetern 2000 überwältigende Exponate aus 1300 bewegten Jahren.

📷 *Tipp: Den besten Fotospot beim Rundgang findest du auf der Dombogenterrasse: toller Blick auf die Salzburger Altstadt.*

➤ S. 43, Stadt Salzburg

FESTUNG HOHENSALZBURG ⭐2

Mittelalterliches Wahrzeichen, wo der Salzburger Stier brüllt.

📷 *Tipp: Auf dem Weg hoch zum Mönchsberg hast du auf der Humboldtterrasse den schönsten Blick auf die Stadt!*

➤ S. 45, Stadt Salzburg

MOZARTS GEBURTSHAUS ⭐3

In den historischen Räumen ist auch die Kindergeige des Musikgenies zu bestaunen.

➤ S. 42, Stadt Salzburg

TRUMER SEENLAND ⭐4

Paradies für Wassersportfans, Sonnenanbeter und Genießer.

➤ S. 55, Flachgau

UNTERSBERG ⭐5

Der mythenumrankte Salzburger Hausberg lockt mit Wandertouren, Skiabfahrten und einer traumhaften Sicht aufs Land.

📷 *Tipp: Den Berg zu Fuß erklimmen und die einzigartigen Höhlen fotografieren.*

➤ S. 59, Flachgau

HALLSTATT ⭐6

Unesco-Welterbe-Ort mit 7000 Jahren Geschichte.

📷 *Tipp: Früh aufstehen – Hallstatt wurde durch Blogger und Instagramer zum Foto-Hype und ist selten menschenleer.*

➤ S. 76, Salzkammergut

🕐   Besuch planen

€–€€€ Preiskategorien

(*)   Kostenpflichtige Telefonnummer

  Essen/Trinken

  Shoppen

🍸 Ausgehen

(🗺 A2) Herausnehmbare Faltkarte
(🗺 a2) Zusatzkarte auf der Faltkarte
(0) Außerhalb des Faltkartenausschnitts

BESSER PLANEN MEHR ERLEBEN!

Digitale Extras
go.marcopolo.de/app/sal

DAS BESTE ZUERST

Blumenwiesenidylle im Seidlwinkltal im Pongau

BEST OF ☂

BEI REGEN

SCHÖN, AUCH WENN ES REGNET

ABENTEUER IM BADEPARADIES

Stolze 30 000 m² ist die *Alpentherme* in Bad Hofgastein groß. Dank Thermalbecken, Saunen, Speed-Rutsche, Multimedia-Erlebnisdom und Spieleraum vergehen Regentage wie im Flug.

➤ S. 95, Tennengau und Pongau

IM REGEN LERNEN

Du wolltest immer schon wissen, wie viel du auf dem Mond wiegst? Dann ab ins *Haus der Natur* in Salzburg! Dort gibt es übrigens auch einen brüllenden Dinosaurier und ein gemütliches Familiencafé.

➤ S. 47, Stadt Salzburg

KUNST MIT AUSSICHT

Kunst des 20. und 21. Jhs. erwartet dich in Salzburgs *Museum der Moderne*. Und dazu ein atemberaubender Blick vom Mönchsberg über die Altstadt beim Apfelstrudel im Museumscafé M32.

➤ S. 46, Stadt Salzburg

GÄNSEHAUT IM SAGENSCHLOSS

Der Lungau ist bekannt für schaurige Sagen und geheimnisvolle Geschichten. Im *Schloss Moosham*, das oft als Filmkulisse diente, tauchst du in die Welt der Mythen ein – Gruseleffekt inklusive.

➤ S. 101, Lungau

DIE WELT DES WASSERS

In den *Wasserwelten Krimml* bleibst du trocken, während du den Weg des Wassers von den Tauerngipfeln bis zu den Krimmler Wasserfällen in der imposanten 3-D-Präsentation verfolgst.

➤ S. 119, Pinzgau

SPEKTAKULÄRE BERGWELTEN ERLEBEN

Die Hohen Tauern aus Adleraugen: Die Ausstellung *Nationalparkwelten* (Foto) führt in die einzigartige alpine Welt rund um den Großglockner, Österreichs höchsten Gipfel.

➤ S. 117, Pinzgau

BEST OF LOW-BUDGET

FÜR DEN KLEINEN GELDBEUTEL

KÜHLES NASS FÜR LAU

Der Sprung in den See (Foto) ist im Salzburger Land oft nicht ganz billig. Viele Strandbäder reduzieren aber die Eintrittspreise nach 18 Uhr und das malerische *Waldbad Anif* ist abends kostenlos zugänglich. Perfekt für einen Sundowner an der Bar am Wasser.

➤ S. 58, Flachgau

BUSTICKETS IM VORVERKAUF ERSTEHEN

Wer sich in der Stadt Salzburg für eine Busfahrt entscheidet, kauft das Ticket am besten im Vorverkauf (z. B. in einer Trafik). So sparst du fast einen Euro pro Fahrt.

JAUSE IM BIERGARTEN

Das *Augustiner Bräustübl* in Salzburg hat den größten Biergarten Österreichs. Trink im Schatten von Kastanien das beliebte Bier. Deine Snacks darfst du mitbringen, Getränke nicht!

➤ S. 49, Stadt Salzburg

FESTSPIELE OHNE EINTRITT

Am Kapitelplatz hinter dem Salzburger Dom werden bei den *Siemens-Festspielen* (siemens.at/festspielnaechte) im Juli/Aug. Festspielaufführungen live übertragen oder ältere Produktionen auf der Riesenleinwand gezeigt. Denk an warme Kleidung – Sommernächte in Salzburg sind oft kühl.

GRATIS FAHREN

Im Winter ist es dem öffentlichen Transport eine Freude, Sportler in ihrer Mission zu unterstützen. Wer mit Langlauf-Outfit in den Bus nach Faistenau einsteigt, fährt gratis.

➤ S. 61, Flachgau

WANDERN MIT WILDTIEREN

Im *Almdorf Schlögelberger* im Lungau wanderst du durch den *Wildpark* und beobachtest Rotwild, Sikahirsche, Steinböcke und flauschige Alpakas aus nächster Nähe. Eintritt frei!

➤ S. 101, Lungau

BEST OF

MIT KINDERN

SPANNENDES FÜR GROSS & KLEIN

EIN ORT FÜR SPIELER

Das *Spielzeugmuseum* zeigt die schönsten historischen und aktuellen Spielsachen, und anfassen ist erlaubt! Einziger Nachteil: Hier bekommt man die Kinder nur ganz schwer wieder heraus!

➤ S. 46, Stadt Salzburg

ON TOUR MIT DEN KLEINSTEN

Mit kleinen Kindern kann man nicht wandern? Von wegen! Eine spannende Tour für wanderbegeisterte Familien ist die „Mini"-Variante des *Alpenfloh-Trekking:* eine Drei-Tages-Wanderung in Großarl. Die Tagesetappen sind auch für kleine Füße ab 4 Jahren zu schaffen.

➤ S. 34, Sport

LERNEN VOM RANGER

Die Natur erkunden Kinder im Nationalpark Hohe Tauern. Aufregend ist eine Tour durch den *Rauriser Urwald* (Foto), vor allem in Begleitung eines ausgebildeten Nationalpark-Rangers. Buchen kannst du die Wanderung mit Guide über *nationalparkzentrum.at.*

➤ S. 116, Pinzgau

ZURÜCK IN DIE VERGANGENHEIT

Die *Burg Mauterndorf* ist vor allem für die kleinen Besucher ein echtes Erlebnis. Mit Kinderprogramm, eigenem Audioguide und vielem mehr endet der Besuch bestimmt nicht in Langeweile.

➤ S. 100, Lungau

MOZART ALS MARIONETTE

Vielleicht wird es der erste Theaterbesuch überhaupt und daraus dann eine lebenslange Liebe zum Theater … wer weiß? Die kunstvoll gestalteten Figuren des *Marionettentheaters Salzburg* verzaubern auch erwachsene Zuschauer immer wieder aufs Neue. Besonders beliebt bei den Kleinen: Mozarts „Zauberflöte".

➤ S. 47, Stadt Salzburg

BEST OF

TYPISCH

DAS ERLEBST DU NUR HIER

GANZ OHR
Der Besuch der *Salzburger Festspiele* ist ein Erlebnis: Opernstars und die renommiertesten Orchester der Welt geben hier ihr Können zum Besten. Also: Abendrobe und Anzug in den Koffer, dann bist du bestens gerüstet. Tickets besser vorher online bestellen, denn Restkarten sind rar!
➤ S. 143, Feste & Events

SCHIFFERLFAHREN UND KAFFEETRATSCH
Kitschig schön: Eine Schifffahrt über den *Wolfgangsee*, dann mit der Retro-zahnradbahn auf den Schafberg (Foto) und zurück, durch *Sankt Wolfgang* flanieren und anschließend gibt's in *Bad Ischl* kaiserlich Kaffee und Kuchen.
➤ S. 73, Salzkammergut

FALKEN AUF DER BURG
Im Salzachtal liegt die *Erlebnisburg Hohenwerfen*. Begib dich auf einen Rundgang, erleb hautnah den Flug von Falken und Adlern bei den Vorführungen des Landesfalkenhofs. Und danach geht es in die mittelalterliche Burgschenke.
➤ S. 89, Tennengau und Pongau

HÖHLENTRIP
Im Pongau wandert man nicht nur auf Bergspitzen, auch das Innere der Berge kann besichtigt werden. Die *Eisriesenwelt* in Werfen ist eine beeindruckende Reise ins Eis: Zapfen und Eisplatten reflektieren den Schein der Öllampen, die jeder Besucher selbst trägt.
➤ S. 89, Tennengau und Pongau

VON DEN SKIERN IN DEN BIKINI
Am Vormittag eine Skitour am *Kitzsteinhorn*, am Nachmittag in *Zell am See* in den See springen – klingt komisch, ist aber so: Im Salzburger Land bleibt der Gletscher bis Juli geöffnet. Das ist alles außer langweilig!
➤ S. 114, Pinzgau

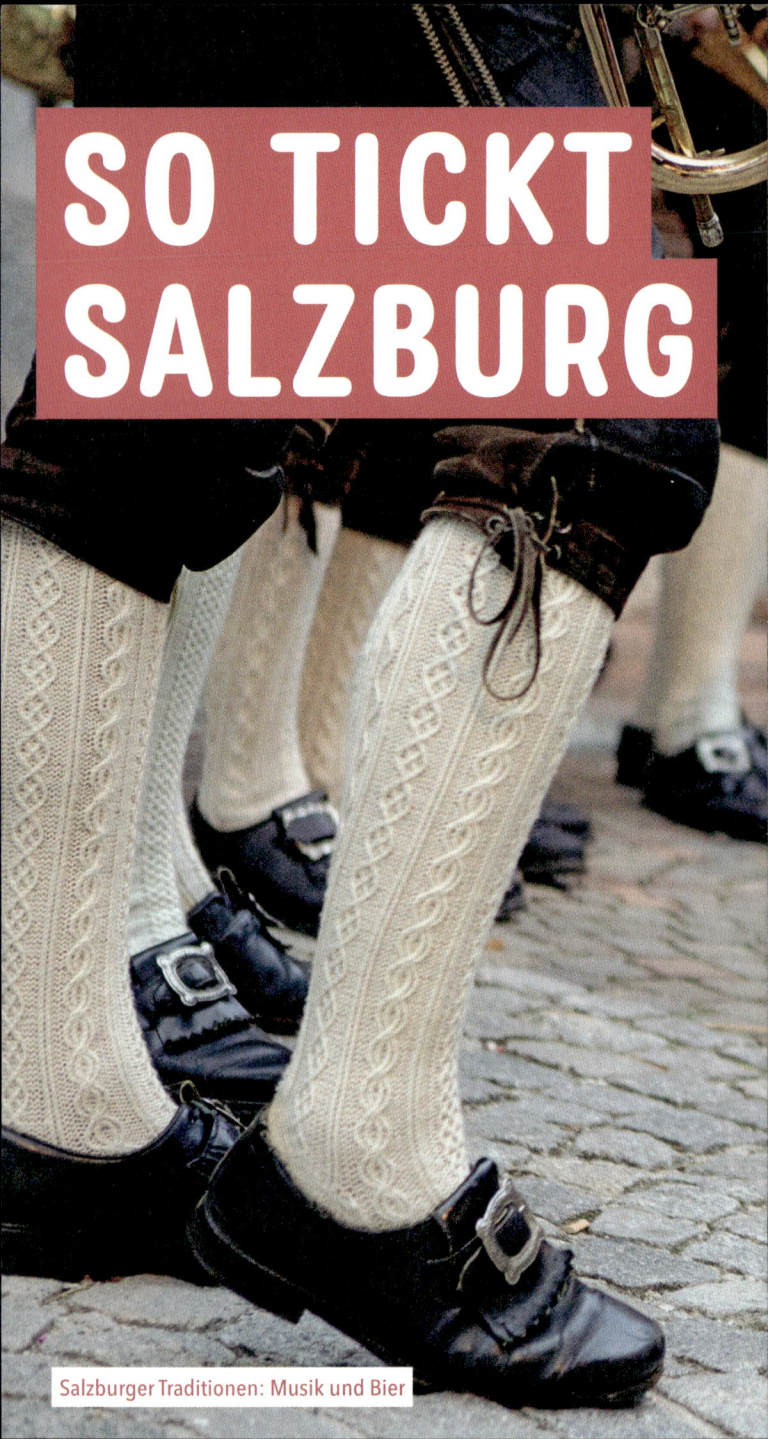

SO TICKT
SALZBURG

Salzburger Traditionen: Musik und Bier

ENTDECKE DAS SALZBURGER LAND

Natur, Berge und ein Pferd – was braucht es mehr für einen Urlaub?

Von wegen klein, konservativ und katholisch. Immer wieder hört man diese Worte in Bezug auf Salzburg. Dabei könnten sie falscher nicht sein. Am Vormittag Skifahren, um sich kurz darauf im See zu erfrischen? Bitte gern! Ein modernes Musikfestival am Berg oder eine Wander-Challenge auf einen Dreitausender? Geht beides. Willkommen im Salzburger Land!

DIE VIELEN GESICHTER DES SALZBURGER LANDES

Gehasst und geliebt: Die Stadt Salzburg wurde bereits von vielen Größen beschimpft. Vorzeigesalzburger Wolfgang Amadeus Mozart soll über seine Heimatstadt gesagt haben: „Ich hoffe nicht, dass es nötig ist zu sagen, dass mir an Salzburg sehr wenig und am Erzbischof gar nichts gelegen ist und ich auf beides scheiße." Und auch der weltbekannte Schriftsteller Thomas Bernhard nahm

3000–100 v. Chr.
Abbau von Salz auf dem Dürrnberg

696
Der spätere Landespatron Rupert beginnt Salzburg zu missionieren und gründet St. Peter

739
Salzburg wird Bischofssitz

1198
Vollendung des romanischen Doms in Salzburg

1498
Vertreibung der Juden aus dem Erzbistum

1756
Wolfgang Amadeus Mozart wird in Salzburg geboren

kein Blatt vor den Mund, wenn es darum ging, Salzburg zu kritisieren. Obwohl sich an ihr die Geister so sehr schieden – oder vielleicht deswegen –, hat es immer wieder Menschen mit großen Plänen in die Stadt an der Salzach gezogen. Zu den berühmtesten, die schließlich hier eine zweite Heimat fanden, zählen Paracelsus, Stefan Zweig, Peter Handke oder Dietrich Mateschitz.

ALLER DANK GILT DEM SALZ

Die Stadt Salzburg selbst – Gesamtkunstwerk, strahlende Schönheit und barocke Weltstadt im Kleinformat – verdankt den prunkliebenden Fürsterzbischöfen ihren Wandel von der mittelalterlichen Metropole zum Weltkulturerbe. Großzügige Plätze, prachtvolle Kirchen wie der Dom oder die Kollegienkirche, hohe Türme, mächtige Kuppeln und darüber thronend die weiße Festung Hohensalzburg: Sie prägen seit dem 17. und 18. Jh. das Bild der Stadt. Finanziert wurden Glanz und Prunk mit den Einnahmen aus dem Salzhandel, der Abbau im benachbarten Hallein zählte zu den größten der Welt. Weitere Einnahmequellen lagen ebenfalls im Boden des Landes, dazu zählen beispielsweise der Goldabbau in den Minen in den Hohen Tauern oder die Gewinnung von Arsen im Lungau – ohne das hochgiftige Element gäbe es kein venezianisches Muranoglas.

SALZBURG-BOTSCHAFTER: WOLFGANG AMADEUS MOZART

Nach dem Ende der erzbischöflichen Ära wurde die Kulisse Salzburgs in ein romantisches Tourismusziel verwandelt, mithilfe der Ausstrahlung der Salz-

1803 Auflösung des Erzbistums

1816 Salzburg wird endgültig österreichisch

1920 Die 1. Salzburger Festspiele eröffnen mit „Jedermann"

1945–1955 Amerikanische Truppen halten das Land besetzt

1997 Die Salzburger Altstadt wird Teil des Unesco-Welterbes

2006 Eröffnung des Mozarthauses

2020 Die Salzburger Festspiele feiern 100-jähriges Bestehen

burger Festspiele und ihres berühmtesten Sohns, Wolfgang Amadeus Mozart. Dass sie dem ehemals ungeliebten und rebellischen Genie „Wolferl" eine Menge verdankt, ist der Stadt bewusst, und sie würdigt den Komponisten mit zahlreichen Festivals und Events.

DIE STADT … UND DAS LAND

Wer genug von Hochkultur hat, packt die Badehose ein und fährt nur eine halbe Autostunde in den nördlichen Flachgau. Dort warten türkisfarbene Seen auf Tretbootfahrer, Schwimmer, Angler und Träumer. Am Mattsee, Obertrumer See, Graben- und Wallersee wird gegolft, geradelt und gesegelt. Etwas weiter östlich dann, im Salzkammergut, das sich die Steiermark, Oberösterreich und Salzburg teilen, befindet sich die Wiege der guten alten Sommerfrische. Der beschauliche Charakter, der von Seen und Bergen geprägten Landschaft, ist sozusagen die Blaupause für die Sommerferien von einst, die heute einem vielfältigen Angebot vor allem für Familien Platz gemacht hat: Streichelzoos, Klettergärten, Sommerrodelbahnen, Erlebnisparks und -bäder. Stressgeplagte und Erholungsuchende kommen in der ehemaligen Kaiserstadt Bad Ischl beim Kuren im schwefel- und solehaltigen Wasser wieder ins physische und psychische Gleichgewicht.

HOCH HINAUS IN FELS UND EIS

Der Alpenhauptkamm im Westen des Landes mit 3000 m hohen Gipfeln, Gletschern, einsamen Tälern, Murmeltieren, Schneehasen und hochalpiner Vegetation wie Edelweiß und Enzian ist durch den Nationalpark Hohe Tauern geschützt. In den Kernzonen wird weitgehend auf menschlichen Eingriff verzichtet, aber auch die über die Jahrhunderte gepflegten bergbäuerlichen Kulturlandschaften stehen unter Schutz. Der Nationalpark Hohe Tauern ist so besonders, weil er vom Tal bis weit über 3000 m Seehöhe sehr unterschiedliche Lebensräume umfasst. Am besten zu erleben ist das bei einer Exkursion mit einem Ranger *(hohetauern. at)*. Im ersten Gletscherskigebiet Österreichs am Kitzsteinhorn, eine Autostunde südlich von Salzburg, wedeln Snowboarder und abenteuerlustige Freerider oberhalb von Kaprun über die Hänge. Zu alpiner Wellness laden im Tal die Alpentherme in Bad Hofgastein und das Tauern Spa in Kaprun ein.

KEIN MUSEUM, SONDERN ECHT

Und was für viele Tourismusdestinationen oft eine leere Worthülse ist, ist für die Menschen im Salzburger Land und im Salzkammergut selbstverständlich: In Ortschaften, beim Wirtn, aufm Bankerl und auf Almen sitzt man z'sam. Regionale Spezialitäten wie Bauernbrot und Speck werden serviert und ein Schnäpschen trägt dazu bei, dass die Geschichten immer aufregender werden. Traditionen werden in Kirchen, Klöstern und Regionalmuseen gelebt, Umzüge wie die Krampusläufe oder der Samsonumzug im Lungau ziehen jedes Jahr Scharen von Besuchern an und haben über Brauchtumsnachwuchs nicht zu klagen.

AUF EINEN BLICK

560 700
Menschen leben im Salzburger Land

Bremen: 683 000

15 000
Studenten besuchen die Universität Salzburg

7155 km^2
Fläche

2570 km² Saarland

Mit **3,20 km^2** Fläche ist Schwarzach im Pongau der kleinste Ort im Salzburger Land

Kleinster Ort Deutschlands: Martinstein mit 0,39 km²

HÖCHSTER BERG: GROSSVENEDIGER

3.657 m

EIN VIERTEL
DER LANDESFLÄCHE SIND ALPENFLÄCHE

CA. 1 MIO. HEKTOLITER BIER
produziert die Salzburger Stieglbrauerei pro Jahr

46 km^2
Fläche hat der Attersee – der größte vollständig in Österreich liegende See

ÜBER 3000 PERSONEN arbeiten jährlich für die Salzburger Festspiele

NUR 1,42 METER BREIT IST DAS KLEINSTE HAUS IN SALZBURG

DAS SALZBURGER LAND VERSTEHEN

BIERTRINKERLAND

Kein Witz: Wenn du einen Salzburger fragst, welches weltbewegende Ereignis im Jahr 1492 stattgefunden hat, wirst du in den meisten Fällen nicht „die Entdeckung Amerikas" als Antwort erhalten. Viel wichtiger ist den Salzburgern, dass in jenem Jahr ihre heiß geliebte Stieglbrauerei gegründet wurde. Du merkst schon: Salzburg ist eine echte Bierstadt, was nicht zuletzt an der Nachbarschaft zu Bayern liegt. Bis heute gibt es in Salzburg viele kleine Privatbrauereien, die ganz hervorragende Biere produzieren – und das allen internationalen Konzerninteressen zum Trotz.

LOST IN TRANSLATION

Weißt du, was eine „gschtiatschte Möz" ist? Wenn nicht, mach dir nichts draus, denn du bist nicht allein. Im Salzburger Land gibt es nicht nur einen, sondern eine Vielzahl an regionalen Dialekten. Wenn du also die eingangs erwähnte *gschtiaschte Möz* nicht als niedliches Mädchen aus dem Pinzgau identifizieren konntest, macht das nichts: Den meisten Salzburgern geht es genauso. Manche Dialektausdrücke sind dennoch universell einsetzbar.

Mit einem freundlichen „Griaß di" (Hallo), „Pfiat di" (Tschüss) oder einfach „Seavas" (Servus) wirst du im ganzen Land Sympathiepunkte sammeln. Leg am besten sofort los mit dem Üben!

SCHICKERIA-SCHAULAUF

1920 wurde am Salzburger Domplatz Hugo von Hofmannsthals „Jedermann" uraufgeführt. Das Stück galt als Wegbereiter der weltberühmten Salzburger Festspiele. Deshalb wird es bis heute jedes Jahr aufs Neue vor der imposanten Freiluftkulisse des Doms gezeigt. Dabei ist die Handlung nichts Besonderes: Das Stück erzählt vom Hochmut des reichen (Jeder-)Manns, der im Angesicht des Tods zum Glauben zurückfindet. Böse Zungen behaupten, der erhobene Zeigefinger wende sich vor allem an die betuchten Festspielgäste selbst. Gut möglich, schließlich ziehen Millionäre aller Länder jedes Jahr ihre eigene Show ab. Aber: Auch wenn die Salzburger gern über die Macken der reichen Besucher lachen, wissen sie doch um den enormen (finanziellen) Benefit des Festivals für ihre Stadt.

SCHEINHEILIG?

Du denkst beim Salzburger Land an kaiserliche Idylle à la Sisi und Franzl? Dann müssen wir dich enttäuschen: Salzburgs Geschichte verlief lange Zeit unabhängig von der K.-u.-k.-Monarchie. Bis 1816 war das Land ein eigenständiger Kleinstaat, der von katholischen Erzbischöfen regiert wurde. Die reichen Kirchenfürsten nutzten ihre Einnahmen aus dem Salzhandel, um

Salzburgs Altstadt in ein barockes Kunstwerk zu verwandeln. Wenig feinsinnig zeigte sich der Klerus dagegen im Umgang mit Andersgläubigen: Bei mehreren Protestantenvertreibungen wurden ganze Landstriche entvölkert und auch gegen Juden ging man mit harter Hand vor.

NESTBESCHMUTZER

Mozart hasste seine Heimatstadt. So, jetzt ist es raus! Das hinderte die Salzburger allerdings nicht daran, bald nach dem Tod des Genies mit der Vermarktung seines Erbes zu beginnen. Wolfgang Amadeus Mozart wurde im Jahr 1756 in der Getreidegasse 6 geboren und bereiste als musikalisches Wunderkind halb Europa. Später zog Mozart nach Wien, wo er ein echtes Künstlerleben führte: Er spielte gerne Karten und Billard, verdiente viel Geld und gab noch mehr davon aus. Ganz nebenbei schuf er in seinem kurzen Leben einige der bedeutendsten Werke klassischer Musik. Kaum auszudenken, was der Musiker mit dem absoluten Gehör noch alles geschafft hätte, wäre er nicht mit 35 gestorben.

Was Mozart seiner Heimatstadt Salzburg abgesehen von traumhafter Musik und geschmacklosen Souvenirs sonst noch beschert hat? Da wäre etwa die original Salzburger Mozartkugel. 1890 wurde erstmals vom Salzburger Konditormeister Paul Fürst ein Mozart-Bonbon vorgestellt, das er später als Mozartkugel verkaufte. Die kugelrunde Praline aus Schokolade, Nugat und grünem Pistazienmarzipan wurde 1905 auf ei-

Praline mit berühmtem Namen

Der Weißsee ist beinah zu schön, um wahr zu sein

ner Pariser Ausstellung mit einer Goldmedaille ausgezeichnet. Seither gibt es unzählige Konkurrenzprodukte, die sich in Qualität und Preis allerdings deutlich vom Original unterscheiden. Zumindest behaupten das Schokoladenkenner.

Übrigens: Außer Acht gelassen werden sollte auch nicht Mozarts Schwester, von allen Nannerl genannt, die im Salzkammergut wohnte. **Eine Ausstellung im Mozarthaus in St. Gilgen erzählt von ihrem spannenden Leben, abseits vom Kitsch in Salzburg.**

INSIDER-TIPP
Talentierte Schwester

NATURWUNDER

Mund zu, weiteratmen: Beim Anblick von Europas höchsten Wasserfällen in Krimml kann schon mal vor lauter Staunen der Mund offen bleiben. Dabei handelt es sich bei den mächtigen Kaskaden nur um eines von vielen Naturwundern, die du im Nationalpark Hohe Tauern besuchen kannst. Die Hohen Tauern sind eine Gebirgskette, die sich im Süden des Salzburger Landes zu mächtigen Dreitausendern auftürmt. Schon vor Jahrzehnten wurde sie zum Nationalpark erklärt. Seitdem finden Ausflügler und Abenteurer hier ein Naturparadies vor, das weltweit seinesgleichen sucht. Highlights gibt es hier viele zu entdecken: Etwa die Großglockner-Hochalpenstraße mit ihren Serpentinen und traumhaften Ausblicken, den Rauriser Urwald oder den fast schon kitschig schönen hochalpinen Weißsee in Uttendorf. Hier herrschen arktische

Klimabedingungen, auch wenn die früher mächtigen Gletscher immer kleiner werden. Im Museum im *Nationalparkzentrum Hohe Tauern* (s. S. 117) in Mittersill werden die Geschichte und der Lebensraum der Hohen Tauern unterhaltsam vermittelt. Absolut familientauglich, keine Langeweile!

GELDQUELLE

Dem „weißen Gold" haben Stadt und Land, die Salzach und das Salzkammergut ihre Namen zu verdanken. Die Salzlagerstätten im Dürrnberg bei Hallein sowie in Hallstatt und Umgebung machten die Gegend schon früh zu einem Gewerbeland. Das Salz begründete und festigte Macht und Reichtum der Fürsterzbischöfe und veranlasste die Habsburger zu Beginn des 14. Jhs., einen eigenen Salzwirtschaftsstaat – das Salzkammergut – zu betreiben. Orte, in deren Geschichte das Salz eine große Rolle spielte, tragen oft das mittelhochdeutsche Wort *Hall* (für Salz) im Namen.

FILMGESCHICHTE

Du glaubst, Mozart und die Festspiele sind Salzburgs berühmtestes Aushängeschild in Übersee? Irrtum! Amerikaner denken beim Stichwort Salzburg vor allem an eines: den Film „The Sound of Music". Die berühmte Musicalverfilmung erzählt vom Leben der Salzburger Familie Trapp, die vor den Nazis in die USA fliehen musste und dort als Trapp Family Singers berühmt wurde. Ende der 1950er-Jahre wurde die

KLISCHEE KISTE

SALZBURGER WAS?

Erwartungsvolle Augen und intensiver Speichelfluss. Salzburgs Gäste sind sich einig: Gleich nach Ankunft scheint es zum guten Ton zu gehören, sich durch die viel gelobten Salzburger Nockerl zu löffeln. Die nach den drei lokalen Stadtbergen benannte Süßspeise aus Ei, Zucker und Mehl ist nicht gerade gesund, sehr wohl aber bekannt – zumindest außerhalb der echten Salzburger Stadtberge. Einen Local hauen die Nocken nicht vom Hocker. Gut möglich, dass er sie noch nie probiert hat. Ob er etwas versäumt hat, findest du am besten selbst heraus – „süß wie die Liebe und zart wie ein Kuss" sollten sie laut Liedtext sein.

STADT DER SNOBS

Die renommierten Salzburger Festspiele tragen das Image der reichen Stadt in die ganze Welt – ein Image, das Salzburg ganz schön alt aussehen lässt. Glaubt man den Pressebildern, stolzieren in den mittelalterlichen Gässchen ausschließlich Damen in langen Roben mit Herren im Frack herum. Hier ist Protest angebracht: Außerhalb der Festspielzeit sucht man vergeblich nach Designerkleidung auf den Gehwegen. Stattdessen sieht man viele junge Menschen, die frischen Wind in die Kreativszene bringen.

Lebensgeschichte erst zum Musical, dann zum Hollywood-Blockbuster. Jedes Jahr kommen deshalb rund eine Viertelmillion US-Amerikaner zu Besuch. Fragst du hingegen einen waschechten Salzburger, ob er „The Sound of Music" kenne, wirst du oft ein Kopfschütteln ernten. In den letzten Jahren haben Salzburgs Tourismuswerber jedoch erkannt, dass mit der „The Sound of Music"-Mania richtig viel Geld zu verdienen ist. Und – dreimal darfst du raten – seitdem gibt es neben der kitschigen „Sound of Music Tour" auch Dinnershows, Radtouren und sogar ein Musical am Landestheater. Gesehen hat den Film in Salzburg trotzdem niemand.

SCHNÜRLREGEN

Der Salzburger Schnürlregen ist kein eigenes Wetterphänomen, sondern schlicht ein Nieselregen. Vielleicht aber auch ein „Gschichterl", eine erfundene Geschichte, die in der Anfangszeit des Tourismus entstand. Vermutlich hat die Hommage Erich Kästners an den Salzburger Regen in seinem Buch „Der kleine Grenzverkehr" sie noch verstärkt: „Ziehen Sie die ältesten Schuhe an, die in Ihrem Schrank vergessen stehn! Denn Sie sollten wirklich dann und wann – auch bei Regen durch die Straßen gehen …", so heißt es da. Ja, folge dem Rat Kästners, mach dich mit einem Schirm auf den Weg, kehr auf deinem Spaziergang in einem der rund 50 Kaffeehäuser der Stadt ein und stärk dich mit Salzburger Nockerln und einem Verlängerten.

MARKENZEICHEN

Red Bull kennt man überall auf der Welt. Was viele nicht wissen: Das Headquarter des Getränkeunternehmens steht im Salzburger Land, genauer gesagt in Fuschl am See. Dort ranken an der Straße Glaspavillons aus einem angelegten Wasserbecken, davor steht das Werk des Osttiroler Bildhauers und Künstlers Jos Pirkner: mehrere Bronzebullen, die aus dem Wasser steigen. Red Bull ist aber nicht bloß eine Getränkemarke. Das lifestylige Unternehmen bietet Jobs für junge Menschen auch in seinem Medienhaus (Fernsehsender, Printmagazine) sowie in der Organisation und im Marketing von Actionsportarten. Besonders talentierte Sportler aus den unterschiedlichsten Disziplinen werden kräftig gesponsert. Doch der Energydrinkproduzent hat nicht nur Fans: Viel Kritik bekam der Konzern etwa für die Vereinnahmung des lokalen Fußballvereins oder für die rechtspopulistischen Rülpser des Markentestimonials Felix Baumgartner. So ist der Drink unter Salzburgern jeden Alters ein beliebtes Streitthema.

WELTBERÜHMT

Um die Entstehung des Weihnachtslieds „Stille Nacht, heilige Nacht" ranken sich viele Mythen. Die Lieblingsvariante der Salzburger besagt, das Lied sei entstanden, als in der Oberndorfer Kirche am Weihnachtsabend die Orgel kaputtging und anschließend zwei Männer aus dem Dorf mit ihrer Gitarre und einer einfachen Melodie das Fest retteten. Die Wahrheit ist – du ahnst es – weniger spektakulär: 1816 schrieb der Arnsdorfer Hilfspriester Joseph Mohr den Liedtext, zwei Jahre später ließ sich Dorfschullehrer Franz Xaver Gruber die Melodie dazu einfallen. Fakt ist: Das Lied wurde ein Hit und in mehr als 300 Sprachen und Dialekte übersetzt. Heute zwingt „Stille Nacht, heilige Nacht" zu Weihnachten auch die standhaftesten Salzburger emotional in die Knie.

WIEDERBELEBT

War es vor einigen Jahren unter jungen Salzburgern noch uninteressant, Bräuche zu pflegen, gehört es nun wieder zum guten Ton. Ein winterlicher Brauch im Alpenraum ist der Krampus- oder Perchtenlauf. Krampusse begleiten rund um den 6. Dezember den Heiligen Nikolaus auf seiner Tour. Ein wenig Angst darf man vor den gruseligen Gestalten mit ihren Holzmasken und fellbedeckten Körpern schon haben: Mit ihren Ruten aus Zweigen schlagen sie gern zu und hinterlassen rote Striemen auf der Haut. Salzburger Kinder wachsen zwischen Faszination und Angst vor Krampussen auf. Schließlich richten diese einmal im Jahr darüber, ob man brav genug war, um den Schlägen zu entgehen. Die Bedeutung des Krampusbrauchs hat sich übrigens im Lauf der Zeit geändert. Früher sollten die hässlichen Kerle böse Geister vertreiben, heute ist der Brauch ein Anlass, im Ort zusammenzukommen und die kunstvoll geschnitzten Masken der sogenannten „Pässe", also der Vereine, zu bewundern.

Masken, die das Fürchten lehren: Krampusse, die Begleiter des Heiligen Nikolaus

ESSEN
SHOPPEN
SPORT

Nichts geht über eine Almjause nach dem Wandern

ESSEN & TRINKEN

Jung, regional und kreativ: Die Salzburger Küche macht Platz für eine neue Generation an Kulinarik-Könnern und ihre Neuinterpretationen von Traditionellem. Von der oft deftigen Hausmannskost über leichte Biokost bis hin zur hochdekorierten Sterneküche findet man im Salzburger Land eine breite Palette an kulinarischen Leckerbissen – und jede Region hat ihre eigenen Spezialitäten.

HAUBENTRÄGER MIT STIL

Bei der Salzburger Hausmannskost spielt in Butterschmalz Ausgebackenes wie Krapfen, Bladln und Hasenöhrl eine gewichtige Rolle; die Bioküche variiert mit regionalen Produkten, wobei auch Vegetarisches und Veganes immer mehr Einzug in Salzburgs Gastronomie finden. Die Sterne- und Haubenküche begibt sich gern auf molekulare Ebenen. Die hohe Qualität, die die Salzburger Küche in den vergangenen Jahren erreicht hat, spiegelt sich auch im Fachurteil der Restaurantkritiker wider. Im Salzburger Land finden sich einige Haubenträger, die die Auszeichnung bis zu vier Mal erhalten haben, aufgesetzt durch unterschiedliche Restaurantkritiker von z. B. dem Gault-Millau. Kreativität in der Küche wird dabei großgeschrieben – auch in der Menüpräsentation. Da kommt es schon einmal vor, dass sich das Servicepersonal in regelrechte Storyteller verwandelt und lebhaft die Entstehungsgeschichte des vorgesetzten Menüs erzählt, während Consommé und Co. in die Teller fließen.

JUNG UND REGIONAL

In Salzburg und Umgebung hat das internationale Festspielpublikum eine kreative, regional gefärbte Küche gefördert. Dabei spielen nicht nur die altehrwürdigen Köche eine wichtige Rol-

Fluffig, süß und berühmt: Kaiserschmarrn (re.)

le; jung und regional sind die Stichworte. Das Gute ist so nah, daher machen viele Köche Saisonalität wieder salonfähig, mit Zutaten aus den Salzburger Regionen. Vom Tennengauer Berglamm über Carpaccio von der Roten Bete bis zu Obst und Gemüse frisch vom Hof: Regionalität hat Aufwind. Durchforste doch selbst mal einen der Hofläden. Die hochwertigen Produkte sind günstiger als in den Handelsketten, und die lokale Landwirtschaft profitiert ebenfalls.

SIDER-TIPP
Direkt vom Erzeuger

VON KNÖDELN BIS NOCKEN

Eine typische Salzburger Küche mit unverwechselbaren Gerichten gibt es nicht, vielmehr zeichnet sich jeder Landesteil durch einzelne Gerichte aus. So unterscheiden sich die Pinzgauer Kaspressknödel von den Lungauer Kasknödeln dadurch, dass der Bergkäse im Pinzgau härter und pikanter ist. Auch das Gelingen von Kasnocken hängt stark von der Käsequalität ab. Serviert werden sie in einer großen Pfanne, die auf einem „Pfannenknecht" steht, und mit grünem Salat als Beilage. Was die Kasnocken für den Pinzgauer, sind für den Pongauer Bladl – ein meist mit Roggenmehl zubereiteter Teig, in Quadrate oder Dreiecke geschnitten und in Fett ausgebacken – und Fleischkrapfen. Dazu gibt es Sauerkraut, das oft als Beilage zu finden ist. Nocken werden in allen Landesteilen gern gegessen, besonders in der süßen Variante mit Früchten der Jahreszeit wie Ribiseln (Johannisbeeren), Kirschen, Moosbeeren (Heidelbeeren), Äpfeln, Birnen oder Zwetschgen. Die adelige Krönung all dessen ist der Kaiserschmarrn, um dessen Herkunft sich viele Legenden ranken. Als unbestritten gilt, dass er den Namen von Kaiser Franz Joseph I. hat, der angeb-

Feiner Tropfen für Genießer: Apfelbrand

lich meinte: „Na geb' er mir halt den Schmarrn her, den unser Leopold da wieder z'sammenkocht hat."

AUS DEM WASSER
Die vielen Salzburger Gewässer liefern Forellen und Karpfen. Einzigartig ist Walter Grülls Störzucht *(gruell-salzburg.at)* in Grödig, sein weißer Kaviar erzielt in der Spitzengastronomie astronomische Preise, in Hallwang/Tiefenbach ist Salzburgs erste Biofischzucht angesiedelt *(biofischzucht-krieg.at),* und in Sankt Wolfgang gibt's bei der *Wolfgangsee Fischerei Höplinger* Saibling, Reinanke oder Karpfen.

SCHENK DIR EIN!
Das Salzburger Land und das Salzkammergut sind keine Weinanbaugebiete. Dafür blickt man auf eine jahrhundertelange Biertradition (s. S. 18) zurück, was sich auch in Gerichten wie etwa der Biersuppe oder dem Bierfleisch, einer Spezialität aus der Stadt Salzburg, niederschlägt. Vielerorts sprießen kleine Brauereien aus dem Boden. Als Wanderbrauer oder in Mikrobrauereien stellen die Bierbarone der Moderne ihre ganz eigenen Kreationen vor – sehr erfolgreich. Keinen Wein anzubauen, heißt aber keinesfalls, nichts von Wein zu verstehen. Neben den Spitzenrestaurants zeichnen sich auch kleine Gasthöfe und Lokale durch ein qualitätsbewusstes Weinangebot aus, wobei österreichische Weine wie Zweigelt und Grüner Veltliner bevorzugt auf der Karte stehen.

VOM B(R)AUER ZUM BRÜHER
Salzburg ist nicht Wien, aber der Kaffee, der klassisch österreichisch als Brauner oder Verlängerter serviert wird, steht dem aus der Welthauptstadt der Kaffeehäuser in nichts nach. Lokale Röstereien haben sich Nachhaltigkeit auf die Fahnen geschrieben und arbeiten an eigenen Kaffeemischungen, die gut schmecken und dazu auch fair gehandelt sind.

GEBRANNTES
Mit der Rechnung kommt oft der Schnaps. Im Herbst, wenn die Früchte der Eberesche dunkelrot sind, beginnt der Wettkampf zwischen Schnapsbrennern und Vögeln: Wer ist schneller? Ist es der Schnapsbrenner, gibt es im nächsten Jahr wieder einen „Vogelbeernen". Das Sortiment geht natürlich darüber hinaus bis hin zum Obstler, Birnen- und Marillenschnaps.

Unsere Empfehlung heute

Vorspeisen

LUNGAUER EACHTLINGSUPPE
Suppe aus einer speziellen
Kartoffelsorte aus dem Lungau

BIERSUPPE
Rindssuppe, gekocht mit dunklem Bier,
Zwiebeln und Schwarzbrotwürfeln

FRITTATENSUPPE
deftige Rindssuppe mit in Scheiben
geschnittenen Palatschinken
(Pfannkuchen) als Einlage

Hauptgerichte

FLEISCHKRAPFEN
Teigtaschen mit gekochtem
Schweinefleisch (geselchter Schopf),
Speck, Zwiebel, Knoblauch und
Petersilie gefüllt und in Fett
ausgebacken

KASNOCKEN
mit Käse überbackene Spätzle, garniert
mit gerösteten Zwiebeln und
Schnittlauch

HIRSCHBRATEN
Wildfleisch, gereicht mit Kroketten,
Rotkraut und Semmelknödeln

SERVIETTENKNÖDEL MIT EIERSCHWAMMERLSAUCE
Pfifferlinge in Rahmsauce mit Knödel

MOSTBRATL
mit Selchspeckscheiben belegter und in
ein Schweinsnetz eingeschlagener
Schopfbraten, dazu Kartoffel- oder
Semmelknödel

MARILLENKNÖDEL
süße Hauptspeise aus Kartoffelteig mit
heißem Marillenkern

Desserts

HANDGEZOGENER APFELSTRUDEL
heißer Apfelstrudel, mit kalter Milch
übergossen

MOOSBEERNOCKEN
aus dickflüssigem Blaubeerteig
gebackene Pfannkuchen

KAISERSCHMARRN
Mehlspeise mit Rosinen, meist mit
Zwetschgenröster, einer Art Kompott,
serviert

SALZBURGER NOCKERL
Süßspeise aus geschlagenem Eiweiß,
im Ofen goldbraun gebacken

SHOPPEN & STÖBERN

EIN SCHLÜCKCHEN IN EHREN …

… wird kein Salzburger jemals verwehren. Jede Menge Brennereien und Brauereien im Salzburger Land blicken auf eine lange Tradition zurück und liefern nicht nur optisch ansprechende, sondern auch geschmacklich hochwertige Mitbringsel. Goldrichtig liegst du, wenn du eine Flasche Hopfensaft mit nach Hause nimmst. In vielen Regionen schießen Mikrobrauereien aus dem Boden, deren Besitzer dem Biermarkt ihre ganz eigene Note verleihen und Traditionen neu interpretieren. Etwas Angeberwissen holst du dir übrigens bei diversen Brauereiführungen, die fast immer in intensiven Verkostungen enden.

WALD IM WEINGLAS

Schon einmal versucht, einen ganzen Wald in eine alte Weinflasche zu stopfen und mit nach Hause zu nehmen? Im Süden der Stadt Salzburg werden so oder so ähnlich von der Firma *Looops (looopskerzen.at | Onlineshop)* wunderbare handgemachte Duftkerzen hergestellt, die in vielen Geschäften erhältlich sind. Mit Geruchsnoten wie Waldgeist, Gebirgsbach, Sonnenstunden oder Bergluft bleibt die Urlaubserinnerung noch lange nach der Abreise lebendig.

INSIDER-TIPP
Bergluft für zu Hause

FÜRS BAUCHERL

Salzburgs Bauern produzieren seit vielen Jahren unter biologischen Gesichtspunkten. Sehr viele verkaufen ihre Produkte frisch vom Hof oder auf Bauernmärkten in Stadt und Land. Von selbst gemachten Säften und Marmeladen über handgeschöpften Rohmilchkäse bis zu würzigem Brot und Speck ist alles zu haben, was der Hof hergibt. Märkte in der Stadt Salzburg finden auf dem *Grünmarkt (Mo–*

Regionales auf dem Grünmarkt (li.), Trachten am Residenzplatz (re.)

Sa | (📖 c4) am Salzburger Universitätsplatz und am Donnerstagvormittag auf der *Schranne (📖 c3)* am Mirabellplatz statt, einen *Biomarkt* kannst du freitags auf dem Kajetanerplatz *(📖 d5)* besuchen.

GLÜCKLICHMACHER

Mozart mag man, vor allem wenn man in der Stadt Salzburg unterwegs ist. Dabei zahlt es sich selbst für Schokoladenkritiker aus, in eine der weltberühmten Mozartkugeln zu beißen. Diese besteht aus einem Pistazienmarzipankern, umhüllt von einer dicken Nugatschicht, die dünn mit Schokolade überzogen ist. Perfekt zum Mitnehmen ist übrigens die Sachertorte – sicher verpackt in einer hübschen Holzschachtel. Aus der Pinzgauer Schoko-Schöpfkelle der *Confiserie Berger (confiserie-berger.at)* in Lofer kommen moderne Kreationen in interessanten Geschmacksrichtungen; Traditionelles kaufst du in der Halleiner *Confiserie Braun (Unterer Markt 8 | Filiale in Salzburg: Churfürststr. 4).*

ALTES IM NEUEN GEWAND

Eine echte Tracht ist nicht billig, dafür hat man sie ein Leben lang. Seit die traditionelle Kleidung ihren altmodischen Mief abgelegt hat, schlüpfen auch junge Salzburger wieder in Lederhose und Dirndlkleid – zu coolen Sneakers und lässigen Hemden. Trachten gibt es in allen Farben und Formen, abhängig von den Regionen, in der sie gekauft werden. Hinfällig sind die Regeln, wie Dirndlkleid und Lederhose zu kombinieren seien, heute wird getragen, was gefällt. Vor allem, wenn die Modelle von *ploom (ploom.at)* stammen: Die kleine Manufaktur hat spannende Schnitte und verrückte Kombis. Aus dem Pinzgau kommen die Kreationen von *Mirabell Plummer (mirabellplummer.at).*

SPORT

Noch vor dem ersten Tag im Kindergarten stehen Salzburger das erste Mal auf Skiern. Kein Wunder, dass Sport im Salzburger Land einen besonderen Platz einnimmt.

S wie Salzburg, S wie Sport: Aufgrund der Verbindung von Hochgebirge, sanftem Alpenvorland und Seen ist alles möglich: extreme Berg- und Klettertouren, Gletscherwanderungen, Rafting, Canyoning, Mountainbiking, Trekking, Radeln an Flüssen und Seeufern, Paragliding und Sportfliegen; nicht zu vergessen Schwimmen, Segeln, Rudern, Angeln, Golfen und Reiten. Vom Skifahren ganz zu schweigen, ob im Wedel- und Carvingstil, mit dem Snowboard oder einem trendigen Funsportgerät. Ein dichtes Netz bestens ausgeschilderter Rad- und Wanderwege führt zu idyllischen Plätzen. Für Sportarten, die du nicht allein unternehmen darfst oder kannst, stehen dir erfahrene Führer und Begleiter zur Verfügung. Wer sich im Urlaub ganz ohne Risiko bewegen möchte, versichert sich über eine Mitgliedschaft bei den Naturfreunden *(naturfreunde.at)* oder dem Alpenverein *(alpenverein.at)*.

INSIDER-TIPP
Sicher ist sicher

ANGELN

Trotz seiner kleinen Fläche ist das Salzburger Land reich an Bächen, Flüssen, natürlichen Seen, künstlich angelegten Stauseen oder Teichen. Nicht nur die hohe Wasserqualität, sondern auch das Erlebnis Natur lassen immer mehr Menschen zur Angelrute greifen. Wunderschön angelst du an den Lungauer Flüssen, z. B. entlang der Longa oder am Wolfgangsee. Achtung: Auch Eintages-Fischer benötigen hierfür eine gültige Anglerkarte. Infos unter: *fischereiverband.at*

Outdoor-Spaß mit Sack und Pack und Hund: Das Salzburger Land ist ein Wanderparadies

FLIEGEN & PARAGLIDING

Die *Alpine Segelflugschule Zell am See (Kapruner Str. 15 | Tel. 06542 57 22 50 | flugschule-zellamsee.at)* bietet Motor- und Segelschnupperflüge an. Weniger aufwendig lässt sich die Lust aufs Fliegen mit dem Paraglider realisieren: *Flugschule Austria Fly (Weng 211 | Werfenweng | Tel. 0664 4 42 00 02 | Tel. 0664 3 56 24 68 | austriafly.at).*

RADFAHREN & MOUNTAINBIKING

Der ⭐ *Tauernradweg* führt von Krimml über das Salzach- oder Saalachtal bis in die Stadt Salzburg, von dort weiter bis zur Innmündung und nach Passau. Die Gesamtstrecke beträgt 330 km bei einem Höhenunterschied von etwa 700 m.

Im Lungau führen idyllische, flache Radwege 170 km durch Wiesen und Wälder. Landschaftlich sehr reizvoll sind die Radwanderwege im Trumer Seenland. Für Mountainbiker ist von der Schnuppertour bis zu anspruchsvollen Up-and-Downhills zwischen Krimml und Bad Aussee alles zu finden. Die Crew des *Bikeparks Leogang (Tageskarte ab 46,50 Euro | Tel. 06583 82 19 | bikepark-leogang. com)* bietet geführte Touren, Workshops und Unterricht in der Bikeschule. Für Kinder gibt es einen eigenen Trail, den 🐒 *„Riders Playground" (4 Std. 18 Euro, Kinderticket 9 Euro).* Hier können kleine Abenteurer mithilfe von Bike-Coaches und unter Aufsicht ihrer Eltern Jumps ausprobieren. Weitere Hotspots: *Bike Circus Saalbach-Hinterglemm, Mountainbikepark Wagrain, Bikeparks Wildkogel* und *Maiskogel.* Infos unter *salz burgerland.com/de/bike.*

REITEN

In vielen Orten gibt es Reitställe. Besonders stark in Sachen Wanderreiten macht man sich in der Region Altenmarkt-Zauchensee *(altenmarkt-zauchensee.at),* wo fünf Routen mit in Summe etwas mehr als 100 km zusammengestellt wurden. Die Ritte führen durchs Tal oder weiter hinauf – auf halbe Höhe, aber auch bis hoch ins Gebirge. Auf einigen Bauernhöfen, die Urlaub anbieten *(urlaub ambauernhof.at)* sind Reitstunden für Anfänger und Fortgeschrittene ebenso möglich wie Ausritte.

SURFEN, SEGELN & SCHWIMMEN

Auf den Seen des Salzkammerguts, des Alpenvorlandes und auf dem Zeller See herrscht selten Flaute. Einstiegsstellen für Surfer sind gekennzeichnet. In zahlreichen Orten gibt es Segelschulen, Boote und Verleihmöglichkeiten für Surfboards. An den größeren Seen ist Schwimmen meist nur in Strandbädern möglich.

Auch für Kitesurfer hält das Salzburger Land einige nautische Schmankerl bereit. Am *Mattsee, Wallersee* oder *Wolfgangsee* bläst ein besonders starker Wind und sorgt so für unvergessliche Stunden auf dem Brett. Wenn dir das noch nicht genug Abenteuer ist, dann schnapp dir ein Riversurfboard und probier die künstlich angelegte *Almwelle des Almkanals Salzburg (almkanal.at)* – urbane Surfervibes inklusive.

WANDERN, BERGSTEIGEN & KLETTERN

7200 km markierte Wanderwege, darunter der *Arno-Rundwanderweg,* der *Jakobsweg* durch das Saalachtal und der *Sankt-Rupert-Pilgerweg* zwi-

schen Bischofshofen und Sankt Gilgen durchziehen das Salzburger Land. In der Welt der Zwei- und Dreitausender gibt es etwa im *Großarltal* Wege, Steige und Routen aller Schwierigkeitsgrade. Gute Ausrüstung und ein offenes Ohr für die Ratschläge und Warnungen der erfahrenen Hüttenwirte vorausgesetzt, wird deine Wanderung ein unvergessliches – und sicheres! – Erlebnis.

Eine spannende Tour für wanderbegeisterte Familien ist das 👥 *Alpenfloh-Trekking,* eine Drei-Tages-Wanderung in Großarl, die sich für Kinder ab 4 Jahren eignet *(short.travel/sal8).* Die Tagesetappen und die Gehdauer von zwei bis vier Stunden sind absolut kindgerecht. Auch der 👥 *Heilbronner Rundwanderweg (bergfex.at)* ist besonders für Familien geeignet.

Klettergärten gibt es am *Pass Lueg* und am 👥 *Plombergstein* (auch für Kinder), eine Boulderanlage in *Rif.* Eisklettern ist u. a. im *Gasteiner Tal,* in der *Strubklamm* und in der *Sigmund-Thun-Klamm* bei Kaprun möglich. Selbst in der Stadt Salzburg finden die Kletterer Trainingsmöglichkeiten:

Auf der *Müllner Schanze am Mönchsberg* gibt es einen Parcours für Anfänger und Fortgeschrittene, echtes Können verlangt die *City Wall (short.travel/sal9)* in der Glockengasse.

WILDWASSERSPORT

Rafting auf der Lammer, auf der Salzach, der Saalach, der Enns und der Mur wird sowohl für Familien als auch für abenteuerlustige Fortgeschrittene

Die etwas andere Bootstour mit Nervenkitzel und garantiertem Vollbad: Rafting

angeboten. Für den ultimativen Kick sorgen Canyoning und Hydrospeed, wenn man, geschützt durch Helm und Neoprenanzug, im Sprühregen eines Wasserfalls über eine glitschige Rinne in ein Wasserbecken saust. Anbieter sind *Adventure Service Outdoorsports (Salzachtal Bundesstr. 22 | Zell am See | Tel. 0664 1 32 85 52 | adventure service.at)*, das *Outdoor Team Geisler (Saalfelden | Tel. 0664 2 80 78 38 | out door-geisler.at)* oder das *Motion Center (Lofer 330 | Tel. 06588 75 24 | mo tion.co.at)*.

WINTERSPORT

Für grenzenlosen Skispaß sorgen große, kleine und grenzübergreifende Skigebiete mit rund 2500 Pistenkilometern. Von schweren bis leichten Pisten, für Anfänger bis hin zu Profis,

ist für jeden etwas dabei. Freestyler kommen in den Funparks auf ihre Kosten. Fast ganzjährig geöffnet ist das Gletscherskigebiet Kaprun–Kitzsteinhorn *(kitzsteinhorn.at)*, die übrigen Skigebiete je nach Schneelage. Die Preise variieren je nach Gebiet. 👁 In den Monaten März und April gibt es für Skiläufer in fast allen Gegenden günstige Kombiangebote (Piste plus Hotel).

INSIDER-TIPP
Frühlings-sonne und Ski im Paket

Tourengehen, Freeriden oder Schneeschuhwandern abseits der Pisten werden immer beliebter. Hier heißt es aber: Nicht allein oder ohne ausreichende Ausrüstung ins Gelände aufbrechen, unbedingt die Infos des Lawinenwarndiensts, der Bergrettung und der Einheimischen beachten!

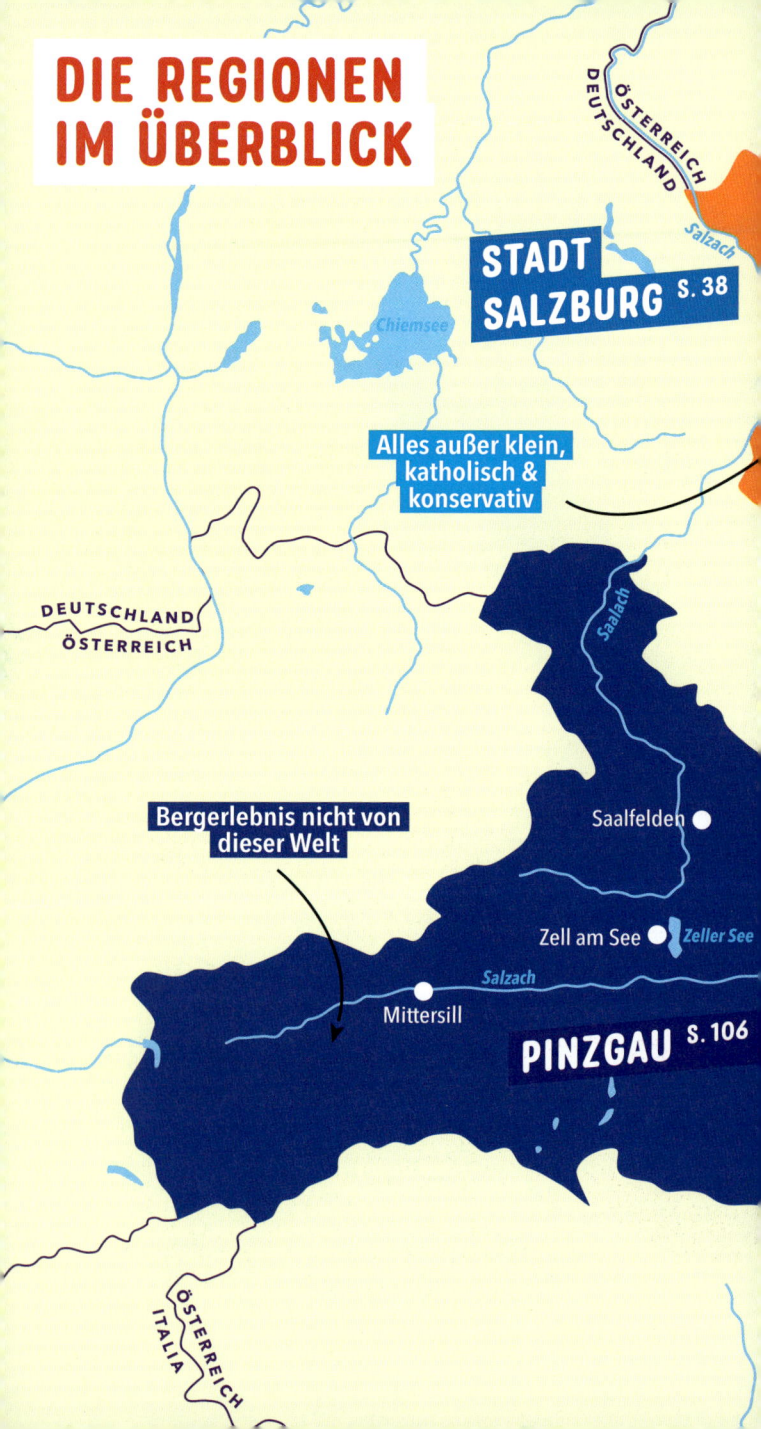

DIE REGIONEN IM ÜBERBLICK

DEUTSCHLAND
ÖSTERREICH

Salzach

Chiemsee

STADT SALZBURG S. 38

Alles außer klein, katholisch & konservativ

DEUTSCHLAND
ÖSTERREICH

Saalach

Bergerlebnis nicht von dieser Welt

Saalfelden

Zell am See Zeller See

Salzach

Mittersill

PINZGAU S. 106

ÖSTERREICH
ITALIA

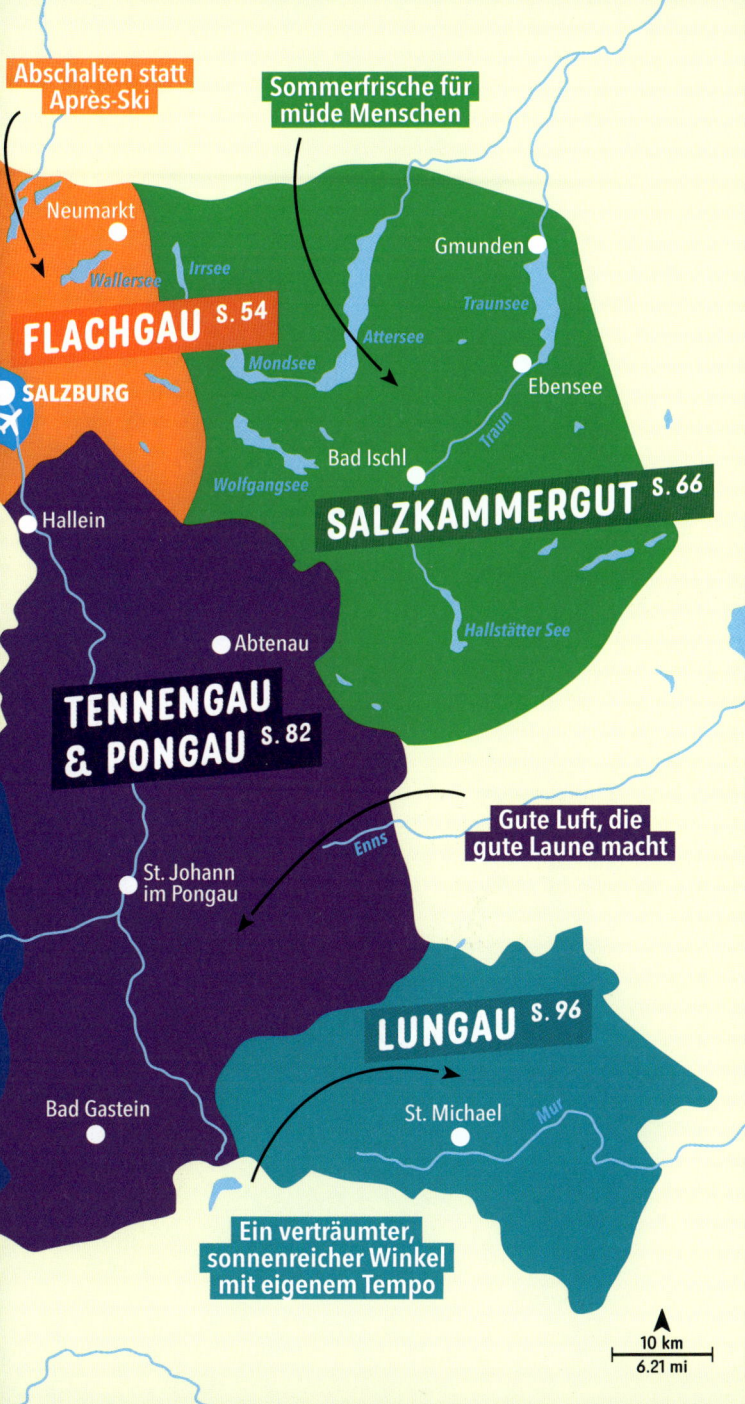

Abschalten statt Après-Ski

Sommerfrische für müde Menschen

Neumarkt

Irrsee

Wallersee

Gmunden

Traunsee

FLACHGAU S. 54

Attersee

Mondsee

SALZBURG

Ebensee

Wolfgangsee

Traun

Bad Ischl

SALZKAMMERGUT S. 66

Hallein

Abtenau

Hallstätter See

**TENNENGAU
& PONGAU** S. 82

Gute Luft, die gute Laune macht

Enns

St. Johann
im Pongau

LUNGAU S. 96

St. Michael

Mur

Bad Gastein

Ein verträumter, sonnenreicher Winkel mit eigenem Tempo

10 km
6.21 mi

STADT SALZBURG

MEHR ALS MOZART

Kopfsteinpflaster, mittelalterliche Gassen und der beeindruckende Blick auf die Festung Hohensalzburg: Salzburg vereint die Welt von gestern mit einem lebenswerten Ort für (junge) Bewohner. Die Altstadt ist nicht nur Ziel vieler Gäste, sondern auch ein beliebter Treffpunkt von Locals: die Getreidegasse mit ihren vielen Läden, die Salzach mit den gemütlichen Ufern zum Sitzen und Entspannen, die Stadtberge, die in nur wenigen Minuten vom Zentrum aus erreichbar sind.

Blick auf Salzburg und die Festung Hohensalzburg

Neben der hohen Lebensqualität ist die Mozartstadt ein kultureller Hotspot: Da sind die Festspiele im Sommer, das Winterfest mit seiner ausgefallenen Zirkuskunst in der kalten Jahreszeit und die Musikstudenten, die 👁 kostengünstige, aber herausragende Konzerte *(uni-mozarteum.at)* für Insider geben. Und das urbane Selbstverständnis ist nicht jenes einer Kleinstadt, oft fühlen sich die Salzburger sogar als Mittelpunkt der Welt – trotz der bescheidenen Einwohnerzahl von 155 000 Personen.

STADT SALZBURG

Esszimmer

Augustiner Bräustübl

Haus der Natur 17

Museum der Moderne Mönchsberg 16

Afro Cafe

Spielzeugmuseum 15

Pferdeschwemme 14
(Herbert-von-Karajan-Platz)

Carpe Diem Lounge - Café

MARCO POLO HIGHLIGHTS

⭐ **MOZARTS GEBURTSHAUS**
Das Haus, in dem das Salzburger
Musikgenie geboren wurde ➤ S. 42

⭐ **KOLLEGIENKIRCHE**
Einer der schönsten Spielorte der
Festspiele ➤ S. 42

⭐ **SALZBURG MUSEUM**
Neues Landesmuseum in altem Gemäuer –
in modernster Architektur gestaltet
➤ S. 43

⭐ **DOMQUARTIER SALZBURG**
Die Museumshighlights in einem
Rundgang ➤ S. 43

⭐ **FESTUNG HOHENSALZBURG**
Imposante Demonstration der Macht,
119 m über der Stadt thronend ➤ S. 45

⭐ **ZOO SALZBURG**
Wenn dir eines der possierlichen Tiere
besonders gut gefällt, kannst du seine
Patenschaft übernehmen ➤ S. 53

Imlauer

20 Schloss Mirabell

Schrannengasse

Wolf-

Straße

Franz-Josef-Straße

Auerspergstraße

Die Weisse

Schallmooser Hauptstraße

Glockengasse

Lodron-

Dietrich-Straße

Faberstraße

Paris-

21 Friedhof Sankt Sebastian

Bruderhof

Ludwig

Bergstraße

Priesterhausgasse

Dreifaltigkeitsgasse

Makartpl.

Linzer Gasse

Kapuzinerberg

Marionettentheater

19

Schwarzstraße

Stefan-Zweig-Weg

18 Mozart-Wohnhaus

Bazar

Makartsteg

Staatsbrücke

Giselakai

Griesgasse

Steingasse

Imbergstraße

Salzach

1 Getreide-
gasse

2 Mozarts Geburtshaus ★

Rudolfskai

Mozartsteg

3 Kollegienkirche ★

Universitätsplatz

Alter Markt

Brodgasse

Judengasse

Weihnachts-
museum

Mozartplatz

Kaffee Alchemie

Tomaselli

4

5 Salzburg Museum ★

Residenzplatz

6 Domquartier Salzburg ★

Pfeifergasse

Hofstallgasse

7 Triangel

8 Museum der Moderne
Rupertinum

7 Dom

220 Grad

Basteigasse

Pfeifergasse

Krotachg.

9 Stefan Zweig Zentrum Salzburg

Kapitelgasse

10 Sankt Peter

14 Pferdeschwemme
(Kapitelplatz)

Kaigasse

Dr.-Herbert-Klein-Weg

Festungsgasse

Pauli Stubm

Stift Nonnberg **12**

Oskar-Kokoschka-Weg

11 Festung Hohensalzburg ★

The Green Garden

Dr.-Ludwig-Prähauser-Weg

Zugallistr.

13 Stiftsarmstollen

Zoo Salzburg ★

Brunnhausg.

127 m
139 yd

SIGHTSEEING

1 GETREIDEGASSE

Dieser Touristenauflauf kann einem schon mal den Spaß verderben: Durch Salzburgs berühmteste Einkaufsstraße schieben sich übers Jahr Tausende Tagesgäste und Busgruppen. Am schlimmsten geht es vor dem Geburtshaus des Lokalmatadors W. A. Mozart zu (Hausnr. 9). Wer die Gasse in Ruhe bewundern will, kommt besser sehr früh oder spät am Abend und schlägt so dem Massentourismus ein

Wegen Mozart der Besuchermagnet der Stadt: Getreidegasse

WOHIN ZUERST?

Vom **Ferdinand-Hanusch-Platz** *(▥ c4)* sind Sehenswürdigkeiten wie Mozarts Geburtshaus, das Salzburg Museum und die Festung Hohensalzburg gut zu erreichen. Parke in den Altstadtgaragen oder auf einem der P+R-Parkplätze außerhalb und fahr dann mit den öffentlichen Verkehrsmitteln (s. S. 142) ins Zentrum.

Schnippchen. Besonders sehenswert sind die uralten Zunftzeichen über den Eingängen der Geschäfte und die mittelalterlichen Passagen, die links und rechts von der Getreidegasse abzweigen. ▥ c4

2 MOZARTS GEBURTSHAUS ★

Dreh- und Angelpunkt jedes Salzburgbesuchs ist das Haus in der Getreidegasse 9, in dem Wolfgang Amadeus Mozart am 27. Januar 1756 geboren wurde. Hier erfährst du Details aus dem Leben des Genies: über Kindheit, Freunde, Gönner, Familie und seine Leidenschaften. Zu sehen gibt es Mozarts Kindergeige und sein Clavichord sowie Möbel, Gemälde und Handschriften. *Di–So 9–17.30 Uhr | Eintritt 12 Euro, Kombiticket mit Mozart-Wohnhaus 18,50 Euro | ⏱ 2–3 Std. | ▥ c4*

3 KOLLEGIENKIRCHE ★

Die generalsanierte Kirche ist nicht nur Spielort der Festspiele, sondern neben dem Dom der bedeutendste Kirchenbau in Salzburg. Die Universitätskirche wurde von Fürsterzbischof Paris von Lodron geplant, vom Barockbaumeister Johann Bernhard Fischer von Erlach umgesetzt und 1707 eingeweiht. Mäzene ermöglichten die Renovierung der Barockkirche. *Tgl. bis zur Dämmerung | Universitätsplatz 20 | kollegienkirche.at | 🗺 c4*

4 WEIHNACHTSMUSEUM 👥

„Verschon mich bitte mit Weihnachten" oder eher „Nur noch 364 Tage bis Weihnachten" – welcher Typ bist du? Falls es Antwort zwei ist, dann wirst du hier strahlende Augen bekommen, denn in der Sammlung von Ursula Kloiber dreht sich das ganze Jahr über alles ums Thema Advent und Weihnachten. Und Nostalgie kommt auch auf: Der Schwerpunkt der Ausstellung liegt auf dem Zeitraum zwischen 1840 und 1940. *Mi–So, Festspiele und Advent tgl. 10–18 Uhr, Februar–Mitte März geschl. | Eintritt 6, Kinder 3 Euro | Mozartplatz 2 | salzburger-weihnachtsmuseum.at | ⏱ 1 Std. | 🗺 d4*

5 SALZBURG MUSEUM ⭐

Mitten am Mozartplatz lockt der riesige Innenhof des Salzburg Museums *(Neue Residenz)* Neugierige an. Spannende Ausstellungen, gern auch über dunkle Flecken in Salzburgs Geschichte, werden hier mit viel Leidenschaft kuratiert.

Ein Highlight für sich ist das dazugehörige *Panorama-Museum (Residenzplatz 9)* samt dem von Johann Michael Sattler geschaffenen 360-Grad-Gemälde von Salzburg, mit dem sein Besitzer schon im 19. Jh. die Jahrmärkte

Europas begeisterte. Es ist 125 m^2 groß und hat einen Umfang von 26 m. Fernrohre auf der Besucherplattform erleichtern die Detailsicht. *Salzburg Museum Di–So 9–17 Uhr | Panorama-Museum tgl. 9–17 Uhr | Eintritt Salzburg Museum 9 Euro, Panorama-Museum 4,50 Euro, Kombiticket 10 Euro | Mozartplatz 1 | salzburgmuseum.at | ⏱ 2–3 Std. | 🗺 d4*

6 DOMQUARTIER SALZBURG ⭐

Nach einem Spaziergang durch das komplette Domquartier könnten schon mal die Beine etwas schmerzen – schließlich handelt es sich nicht um ein klassisches Museum, sondern um einen Rundgang durch den Palastkomplex der Salzburger Fürsterzbischöfe. Insgesamt fünf Museen haben sich zusammengetan, um den Marathon durch die Gemächer und Prunkräume zu ermöglichen. Kunstfans können sich hier gut und gerne zwei Tage lang die Zeit vertreiben. Wenn du weniger ausdauernd bist, kannst du dich auf die absoluten Highlights (⏱ 1½ Std.) beschränken: Das *Rembrandt-Gemälde* der betenden alten Frau in der Residenzgalerie, den phantastischen Ausblick von der Empore der größten *Orgel im Dom* und die fürsterzbischöfliche *Kunst- und Wunderkammer,* in der du sogar das Horn eines Einhorns bestaunen kannst. Du glaubst doch an Einhörner, oder? *Juli/Aug./Dez. tgl., sonst Mi–Mo 10–17 Uhr | Eintritt inkl. Audioguide 13 Euro | Residenzplatz 1 | weiterer Eingang: Domplatz 1a | domquartier.at | ⏱ 3–5 Std. | 🗺 c–d 4–5*

7 DOM

Bei deinem Salzburgbesuch führt am Dom kein Weg vorbei, denn er bildet das Zentrum der historischen Altstadt. Vor der barocken Fassade finden jeden Sommer die Aufführungen des Festspielklassikers „Jedermann" statt – was den Dom zu Österreichs berühmtestem Bühnenbild macht. Im Inneren der Kirche ist vor allem die moderne Installation „Vanitas" des Künstlers Christian Boltanski sehenswert. So viel Mut zur Moderne findet man selten in einer Kirche. Achtung: Orgelempore und Dombogenterrasse sind nur beim Gang durch das *Domquartier* (s. oben) zu besichtigen. *Jan./Feb./Nov. Mo–Sa 8–17, So 13–17, März–Okt., Dez. Mo–Sa 8–18, So 13–18 Uhr | Eintritt 5 Euro | öffentl. Führungen (5 Euro, ⏱ 1 Std.) tgl. 14 Uhr | salzburger-dom.at |* 🗺 *c–d4*

8 MUSEUM DER MODERNE RUPERTINUM

Im ehemaligen Seminar für Priesterzöglinge, in dem Salzburgs Museum für moderne Kunst erstmals eingerichtet wurde, sind neben Sonderausstellungen Zeichnungen und Druckgrafiken, u. a. von Gustav Klimt und Oskar Kokoschka, sowie österreichische Plastik nach 1945 zu sehen. Integriert ist die Österreichische Fotogalerie mit 15 000 Werken hauptsächlich aus der Zeit nach 1945. *Di–So 10–18, Mi bis 20 Uhr, während der Oster- und Salzburger Festspiele auch Mo 10–18 Uhr | Eintritt 6 Euro, Kombiticket mit Museum Mönchsberg 12 Euro | Wiener-Philharmoni-ker-Gasse 9 | museumdermoderne. at |* ⏱ *2 Std. |* 🗺 *c4*

9 STEFAN ZWEIG ZENTRUM SALZBURG

Im Zentrum für Literatur, Kunst und Wissenschaft in der Edmundsburg erfährt man alles über das Leben des Schriftstellers Stefan Zweig, über seine Werke und Themen aus dem kulturhistorischen Kosmos. Der gebürtige Wiener lebte von 1919 bis zu seiner Emigration 1934 in Salzburg. *Mo, Mi–Fr 14–16 Uhr | Eintritt 5 Euro | Mönchsberg 2 | stefan-zweig-zentrum.at |* ⏱ *2 Std. |* 🗺 *b–c4*

10 SANKT PETER

Das Spannendste am Kloster St. Peter ist sein Friedhof, einer der romantischsten Orte der Stadt: Direkt an der mächtigen Felswand des Mönchsbergs schmiegen sich die uralten Grabsteine aneinander. Auch kulturgeschichtlich ist der Friedhof von Bedeutung: Er ist Teil des ältesten noch bestehenden Klosters in ganz Europa, aus dessen Äbten sich lange Zeit die mächtigen Fürsterzbischöfe rekrutierten. Hunderte prominente Salzburger aus allen Epochen liegen hier begraben. In der winzigen Stiftsbäckerei *(Mo/Di/Do/Fr 7–17, Sa 7–13 Uhr)* neben dem Mühlrad

> **INSIDER-TIPP**
> **Das Brot der Mönche**

wird noch immer gebacken wie anno dazumal. ==Das Schwarzbrot aus Natursauerteig schmeckt nicht nur köstlich, es bleibt auch tagelang frisch.== *Friedhof tgl. April–Sept. 6.30–19, Okt.–März 6.30–18 Uhr |* 🗺 *c5*

Der Blick nach oben lohnt sich: Kuppel des Doms

⑪ FESTUNG HOHENSALZBURG ⭐

Weil die Fürsterzbischöfe sich geschickt aus allen großen Konflikten heraushielten, wurde Salzburgs Wahrzeichen im Lauf seiner fast 1000-jährigen Geschichte nie zerstört und thront noch heute erhaben über der Stadt. Sehenswert ist die Festung Hohensalzburg nicht nur wegen des traumhaften Panoramas. Die restaurierten Räume sind Europas einziges bis heute erhaltenes gotisches Fürstengemach. Sie beweisen, wie prächtig man bereits im Mittelalter hauste. Hinauf gelangst du entweder mit der Festungsbahn oder zu Fuß. Tipp: Wer die Tickets online kauft, muss nicht anstehen. *Tgl., Jan.–April, Okt.–Dez. 9.30–17, Ostern u. Adventswochenenden 9.30–18, Mai–Juni 9–18, Juli–Sept. 8.30–20 Uhr | Eintritt mit Bahn und Fürs-* *tenzimmern: 15,90 Euro | salzburg-burgen.at |* 🗺 *d5*

⑫ STIFT NONNBERG

Ein Spaziergang zum Stift Nonnberg lohnt sich vor allem wegen des traumhaften Ausblicks über Salzburg. Vor dem ältesten Frauenkloster im deutschsprachigen Raum spielen sich im Sommer eigenartige Szenen ab: Während Touristen aus Übersee den Originaldrehort des Films „The Sound of Music" belagern, schütteln die schweigsamen Nonnen nur den Kopf. Frauen können hier übrigens ein paar Tage in aller Stille im Gästehaus verbringen. *Kirche und Friedhof sind zu besichtigen, tgl. ab 7 bis ca. 16–18 Uhr, je nach Einbruch der Dunkelheit, selten Führungen | Nonnberggasse 2 | nonnberg.at |* 🗺 *d5*

Reinlichkeit fürs Pferd: eine der historischen Pferdeschwemmen Salzburgs

13 STIFTSARMSTOLLEN

Nichts für Angsthasen: Wenn im September das Wasser des Almkanals ausgelassen wird, kannst du Europas ältesten Trinkwasserstollen zu Fuß durchqueren. Aber bitte nur, wenn du nicht unter Klaustrophobie leidest. Das uralte Höhlensystem ist an mehreren Stellen nicht höher als 1,4 m und definitiv nicht für Wohlfühltouristen ausgelegt. *Nur mit Führung, Sept. tgl. ab 8 Uhr | 9 Euro | Brunnhausgasse/Schleusenhaus | Anmeldung empfohlen: Tel. 0699 13 79 03 10 | stifts arm.at |* ⏱ *1 Std. |* 🗺 *c5*

14 PFERDESCHWEMMEN

Immer diese Statussymbole! Was heute Yacht oder Sportwagen sind, war den Reichen und Schönen des 17. Jhs. das Pferd. Und weil man schon damals gern zeigte, was man hat, wurden die edlen Rösser der Erzbischöfe in prunkvollen Pferdeschwemmen gewaschen, während das einfache Volk im Dreck versank. Zwei der historischen Waschanlagen sind in Salzburgs Altstadt noch heute zu bewundern. Eine befindet sich am *Herbert-von-Karajan-Platz (*🗺 *c4)*, die andere am *Kapitelplatz (*🗺 *c-d5)*.

15 SPIELZEUGMUSEUM 👬

Leuchtende Kinderaugen: Hier dürfen die schönsten Spielsachen ausprobiert werden. Puppentheater und Bibliothek sorgen für noch mehr Unterhaltung. Achtung: An Regentagen kann es hier eng werden. *Di–So 9–17 Uhr | Eintritt 5, Kinder 2 Euro | Bürgerspitalgasse 2 | spielzeugmuseum.at |* ⏱ *2–3 Std. |* 🗺 *c4*

16 MUSEUM DER MODERNE MÖNCHSBERG ☂

Eigentlich sollte am Mönchsberg eine Filiale des berühmten Guggenheimmuseums stehen. Doch Salzburg war

sich zu fein dafür und lehnte das visionäre Bauvorhaben ab. Deshalb bewundert die Welt Guggenheims Schätze heute in Bilbao. Mach dir nichts draus: Mit dem 2004 eröffneten Museum der Moderne hat die Stadt einen würdigen Ersatz bekommen. Nicht nur aufgrund seiner Kunstobjekte ist es einen Besuch wert, sondern auch wegen des traumhaften Panoramablicks über die Stadt. Wer es eilig hat, fährt mit dem Aufzug hoch, alle anderen gehen zu Fuß und genießen den Weg durch Salzburgs bewaldetes Dachgeschoss. *Di–So 10–18, Mi bis 20 Uhr, während der Oster- und Salzburger Festspiele auch Mo 10–18 Uhr | Eintritt 8 Euro, Kombiticket mit Rupertinum 12 Euro | Zugang über Lift vom Anton-Neumayr-Platz aus (2,70 Euro) | museumdermoderne.at |* ⊙ *2–3 Std. |* ▥ *b4*

🔟 HAUS DER NATUR 🌲 👥

Das Naturkundemuseum ist mit 7000 m² Ausstellungsfläche das größte Museum der Stadt. Neben Aquarium, Reptilienzoo und Weltraumhalle behandelt das interaktive „Science Center" spannende Themen aus Technik und Naturwissenschaft. Nach dem Besuch entspannt's sich gut auf der Terrasse des *Stadtcafés. Tgl. 9–17 Uhr | Eintritt 8,50, Kinder (4–15 J.) 6 Euro | Museumsplatz 5 | hausdernatur.at |* ⊙ *2 Std. |* ▥ *c4*

18 MOZART-WOHNHAUS

1773 zog die Familie Mozart auf die rechte Salzachseite in das Haus am Makartplatz Nr. 8. Das während des Zweiten Weltkriegs zerstörte Gebäude wurde in den 1990er-Jahren rekonstruiert. Es gibt historische Konzerte im Tanzmeistersaal sowie eine Sammlung von Mozarts Briefen. Film- und Tonaufnahmen können kostenlos angesehen und gehört werden. *Di–So 9–17.30 Uhr | Eintritt 12 Euro, Kombiticket mit Mozarts Geburtshaus 18,50 Euro |* ⊙ *2–3 Std. |* ▥ *c3*

19 MARIONETTENTHEATER 👥

Schauspieler, die an Schnüren hängen: Das Salzburger Marionettentheater, Kulturerbe der Unesco, unterhält all jene, die wenig Zeit haben. Eine Stunde dauert der Theater-Quickie am Nachmittag. Gespielt werden Klassiker aus der Feder Mozarts, das Hit-Musical „The Sound of Music" und Märchen wie „Alice im Wunderland". *Eintritt 25–40, Kinder 15 Euro | Schwarzstr. 24 | marionetten.at |* ▥ *c3*

20 SCHLOSS MIRABELL ✿

Von wegen Zölibat – Salzburgs Fürsterzbischöfe hielten wenig vom Le-

Im Kaffeehaus-Torten-Himmel landest du im Tomaselli am Alten Markt

ben in Keuschheit. Ganz besonders bunt trieb es Wolf Dietrich von Reichenau, der mit seiner Lebensgefährtin Salome Alt 15 Kinder zeugte. Als Liebesbeweis baute er ihr Anfang des 17. Jhs. das Schloss Mirabell und den dazugehörigen *Barockgarten*. Heute residieren im Schloss Mirabell der Bürgermeister und die Stadtverwaltung. Aber noch immer spielt die Liebe eine große Rolle: Der sogenannte Marmorsaal gilt als schönster Trauungssaal der Welt. Im Sommer finden hier Hochzeiten im Halbstundentakt statt. *Tgl. 8–18 Uhr, Mirabellgarten 6 Uhr bis zum Einbruch der Dunkelheit | Eintritt frei | ▥ c3*

21 FRIEDHOF SANKT SEBASTIAN

Wer für einen Moment dem hektischen Salzburger Alltag entfliehen will, der ist auf dem gut versteckten Sebastiansfriedhof richtig. An diesem verwunschenen Ort kannst du mitten in der Altstadt herrlich entspannen. Aber auch fürs Sightseeing lohnt es sich vorbeizuschauen, denn am Sebastiansfriedhof liegt Salzburgs Schickeria von anno dazumal begraben: beispielsweise Mozarts Ehefrau Constanze oder der berühmte Alchemist Paracelsus. Von ihm stammt übrigens der berühmte Spruch „Die Dosis macht das Gift". *Tgl. April–Okt. 9–18, Nov.–März 9–16 Uhr | ▥ c–d3*

FESTSPIELHÄUSER

Im Juli und August herrscht Ausnahmezustand im Festspielbezirk – darunter versteht man das *Große Festspielhaus*, das *Haus für Mozart* und die *Felsenreitschule (alle: Hofstallgas-*

se 1) nebst dem nahe gelegenen *Domplatz* und der *Kollegienkirche*. Politiker und CEOs steigen dann aus schwarzen Limousinen, während Fotografen auf Schnappschüsse von Stars und Sternchen lauern. Dabei ist Eile angesagt, denn sobald die Premierenglocke läutet, verschwindet die Gesellschaft in Windeseile im Inneren der Festspielhäuser. Was für ein Theater! Bei einer *Führung (tgl. 14 Uhr, Karten 15 Min. vorher im Festspielshop/Großes Festspielhaus | 7 Euro)* erfährst du mehr: Du blickst hinter die Kulissen und hörst jede Menge Wissenswertes über Österreichs wichtigstes Kunstfestival. *salzburgerfestspiele.at | ▢ c4*

INSIDER-TIPP
Mäuschen spielen bei großen Musikern

ESSEN & TRINKEN

KAFFEEHÄUSER

Kaffee? Gibt's viel in Salzburg: im Sommer auf Terrassen und in Schanigärten – auf dem Gehweg oder in der Fußgängerzone –, im Winter in hübsch altmodischen Salons. Klassische österreichische Kaffeehäuser im alten Stil (und entsprechend von Touristen in Beschlag genommen) sind das *Bazar (▢ c4)* (Mo–Sa 7.30–19.30, So 9–18 Uhr | Schwarzstr. 3 | Tel. 0662 87 42 78 | cafe-bazar.at) und das *Tomaselli (▢ c4)* (Mo–Sa 7–19, So ab 8 Uhr | Alter Markt 9 | Tel. 0662 8 44 48 80 | tomaselli.at). Letzteres mag manchen etwas spießig erscheinen, ist aber absolut sehenswert. Mitten im altehrwürdigen Saal laufen Kuchenfrauen mit Mehlspei-

senwagen durch das älteste „Wiener Kaffeehaus" Österreichs.

AUGUSTINER BRÄUSTÜBL 🐷

Das Augustinerbier kommt aus Holzfässern und wird in Steinkrügen ausgeschenkt, die zünftige Kost dazu holst du dir von einem der Marktstände im Schmankerlgang. Urige Stüberl, herrlicher Gastgarten. *Mo–Fr 15–23, Sa/So 14.30–23 Uhr | Lindhofstr. 7 | Tel. 0662 43 12 46 | augustinerbier.at | € | ▢ b3*

ESSZIMMER

Andreas Kaiblinger und sein Team zaubern raffinierte Menüs – alle paar Wochen gibt es neue auf der Speisekarte. Drei Hauben und einen Michelinstern gab es zur Belohnung – trotzdem steht mittags ein Drei-Gänge-Menü für nur 49 Euro auf der Karte. *Di–Sa 12–14 u. 18–22 Uhr | Müllner Hauptstr. 33 | Tel. 0662 87 08 99 | esszimmer.com | €€€ | ▢ b3*

INSIDER-TIPP
Zwischendurch ein edler Happen

AFRO CAFE

„Africa goes pop" war wohl das Motto der Gestaltung. Die Gerichte, moderne internationale Küche, kommen peppig gewürzt auf den Tisch. Außerdem gibt es eigene Röstungen von Kaffee aus fairem Handel. *Mo–Sa 9–19 Uhr | Bürgerspitalplatz 5 | Tel. 0662 84 48 88 | afrocafe.at | € | ▢ c4*

TRIANGEL

Die gehobene regionale Hausmannskost aus nachhaltigen, fair gehandelten Produkten ist bei Schauspielern,

Einheimischen und Gästen beliebt. Plätze im Freien sind während der Festspielzeit Mangelware, doch Jungwirtin Franzi Gensbichler findet immer noch ein freies Plätzchen. *Di–Sa 11.30–23 Uhr | Wiener Philharmonikergasse 7 | Tel. 0664 2 50 95 73 | tri angel-salzburg.co.at | €–€€ | ▥ c4*

KAFFEE ALCHEMIE

Modern. Ein skandinavischer Barista zeigt, was alles in einer Kaffeebohne steckt. *Mo–Fr 7.30–18, Sa/So 10–18 Uhr | Rudolfskai 38 | Tel. 0681 20 17 31 43 | kaffee-alchemie.at | ▥ d4*

220 GRAD

Hier wird Kaffee zelebriert, veredelt und vollendet, eigene Rösterei, herrlich zum Frühstücken im geistigen und künstlerischen Viertel der Stadt. Und es gibt extrem gute Kuchen – gefüllt mit saisonalen Leckerheiten! *Fr–Di 9–18 Uhr | Chiemseegasse 5 | Tel. 0664 88 16 65 50 | 220grad.com | ▥ d4*

PAULI STUBM

So bunt gemischt wie das Publikum ist auch die Küche: von traditionell bis experimentell. Toller Terrassengarten und Studentenpreise. Lass dich vom Äußeren des Lokals nicht abhalten, in den ersten Stock hinaufzusteigen. *Di–Sa ab 17 Uhr | Herrengasse 16 | Tel. 0662 84 32 20 | paul-stube.at | € | ▥ d5*

THE GREEN GARDEN

Salzburgs kleines, feines sowie erstes vegetarisch-veganes Restaurant im Nonntal. *Di–Sa 12–14 u. 17.30–21 Uhr | Nonntaler Hauptstr. 16 | Tel. 0662 84 12 01 | thegreengarden.at | € | ▥ d5*

CARPE DIEM – LOUNGE-CAFÉ

Der architektonisch außergewöhnliche *Hangar 7* mit Wechselausstellungen von Red-Bull-Chef Dietrich Mateschitz kann kostenlos besichtigt werden. Dort bekommst du in der Carpe Diem Lounge ein leckeres Frühstück und danach köstliche Snacks. *Tgl. 9–17 (Frühstück bis 11.30) Uhr | Wilhelm-Spazier-Str. 7a | Tel. 0662 21 97 | hangar-7.com | €–€€ | ▥ 0*

LUDWIG

Burger essen in elegantem Ambiente? Ab ins Ludwig! Im hippen Bruderhof gibt es Burgerspezialitäten, Superfood und selbst gemachte Limonaden. *Di–So 11–22 Uhr | Linzer Gasse 39/Bruderhof | Tel. 0662 87 25 00 | ludwig-burger.at | € | ▥ c3*

IMLAUER

In der Sky-Bar und im Restaurant bekommst du großartige 180-Grad-Ausblicke über die Altstadt und eine Riesenauswahl an Cocktails geboten. *Tgl. ab 9 Uhr | Rainerstr. 6 | Tel. 0662 88 97 86 66 | imlauer.com | €–€€ | ▥ c2*

DIE WEISSE

Selbst gebrautes Weißbier genießt man hier im lauschigen Garten. *Mo–Sa 10–24 Uhr | Rupertgasse 10 | Tel. 0662 87 22 46 | dieweisse.at | € | ▥ d2*

SHOPPEN

Dank einem neuen Salzburger Selbstverständnis verschwinden die Kreativen nicht mehr nach Wien oder Berlin, sondern eröffnen Läden in der Heimat. Vor allem im hippen Andräviertel macht sich mit Lifestylegeschäften Großstadtfeeling breit: Beste Beispiele sind *Das Stadtrad (Franz-Josef-Str. 19)*, *Stoffamt (Wolf-Dietrich-Str. 23)* und die *Strizialm Salzburg (Linzergasse 72a)*. Fokus auf Design legt man in der *Werkschau (Neutorstr. 14)*. Ein Besuch bei *Jetlag (Herrengasse 28 a)* zahlt sich doppelt aus: In dem Vintagelokal kaufst du ausgefallene Möbel, nachdem du im Laden bei einer Tasse Cappuccino Probe gesessen hast. Das *Wohnkram (Linzer Bundesstr. 39)* haucht alten Möbeln neues Leben ein. Dazu wird genäht, gebastelt, lackiert und ge-

sägt. Übrigens: Nachdem Dirndl und Lederhose lange Zeit aus den Schränken junger Leute verbannt war, ist Tracht – in Kombi mit Chucks und lässigen Hemden! – wieder salonfähig. Vor allem, wenn die Modelle von *ploom (Ursulinenplatz 5)* stammen: Der kleine Shop bietet spannende Schnitte und verrückte Kombis.

AUSGEHEN & FEIERN

Die Ausgehszene Salzburgs teilt sich nach dem Alter ihrer Besucher. Am *Rudolfskai* entlang der Salzach und in der *Gstättengasse* feiern jüngere Partymacher. Gediegener geht es im Innenhof des *Sternbräus* zu. Zum Tanzen ruft wenige Gehminuten weiter der Club *Half Moon (Gstättengasse 4–6)*, von Salzburgern liebevoll „Haferl" genannt. Hier feiert man mit Partywütigen aller Altersklassen. Es soll ein we-

Der Name ist Programm: ein Weißbier im Biergarten Die Weisse. Na dann, Prost!

RUND UM SALZBURG

WALLFAHRTSKIRCHE MARIA PLAIN

5 km/15 Min. nördl. von Salzburg (Auto)

Die auf einer Anhöhe stehende Wallfahrtskirche wurde 1671–74 errichtet und von Künstlern wie Ludwig Schwanthaler und Kremser Schmidt ausgestattet. Im Zentrum steht das Gnadenbild „Maria mit dem Jesuskind", das während des Dreißigjährigen Kriegs trotz eines Brands unversehrt geblieben ist. Mozart schrieb zur Erinnerung an die Krönung des Gnadenbilds 1779 die „Krönungsmesse". Genießer schätzen die regionalen Speisen im Garten des Gasthauses *Maria Plain (Mi–So 11–21 Uhr | Plainbergweg 41–43 | Tel. 0662 4 50 70 10 | mariaplain.com | €–€€)*. Das Genussdorf *Gmachl (Mo–Fr 11–24, Sa 17–24 Uhr | Dorfstr. 35 | Bergheim | Tel. 0662 4 52 12 40 | gmachl.at | €–€€€)* vereint ein Haubenlokal mit Gastgarten, Wirtshaus und Metzgerei. Auch eine Pension und ein Wellnesshotel sind angeschlossen. *Kirche tgl. 7–19 Uhr | maria plain.at | 🗺 G2*

LUSTSCHLOSS HELLBRUNN & ZOO SALZBURG

6 km/15 Min. südl. von Salzburg (Auto)

Das Schloss Hellbrunn war einst die Sommerresidenz der Fürsterzbischöfe, heute ist es ein beliebtes Ausflugs-

Schloss Hellbrunn – früher Sommerresidenz, heute Ausflugsziel

nig ruhiger sein? Dann ab zum *Alchimiste Belge (Bergstr. 10)*: In der belgischen Bierbar ist die Getränkekarte lang und die Gesellschaft angenehm. Im *Stroblstüberl* gibt es sensationelles Essen bis weit nach Mitternacht *(Rainerstr. 11)*. Vor allem das Schnitzel und die Meeresfrüchte haben schon so manchem die Restnacht gerettet.

Die Schickeria bevorzugt die Gegend um *Steingasse* und *Giselakai* und fällt etwa gerne im *Watzmann (Giselakai 17a)* ein. Party direkt am Wasser gibt's in der *Amadeus Salzach Inselbar (Franz-Josef-Kai 1a)*.

ziel und Naherholungsgebiet für die Salzburger. Erbaut wurde Hellbrunn vom italienischen Architekten Santino Solari in den Jahren 1613–1615 unter Fürsterzbischof Markus Sittikus. Zum Schloss gehören Gärten und barocke Wasserspiele, ein 60 ha großer Park mit Fitnessparcours und Raum für zahlreiche Sportmöglichkeiten sowie 👥 einer der schönsten Spielplätze Salzburgs. Im Winter gibt es dort eine 🎿 kostenlose Langlaufloipe und im Sommer bringen die Wasserspiele Abkühlung. Auf dem Hellbrunner Berg kann man das *Monatsschlössl (salzburgmuseum.at)*, heute ein Volkskundemuseum, besichtigen. *Lustschloss: tgl. 9–16.30, Mai/Juni/ Sept. bis 17.30, Juli/Aug. bis 19 Uhr | Eintritt (für Wasserspiele und Schloss mit Audio-Guide, Volkskundemuseum) 13,50 Euro, 🎿 Park gratis | hellbrunn.at | ⏱ 3 Std.*
Am Hellbrunner Berg liegt zudem versteckt das *Hellbrunner Steinthea-*

ter: ein Naturtheater, angeblich der Spielort der ersten Aufführung von Claudio Monteverdis Oper „Orfeo" nördlich der Alpen.
Tierisch gut und ebenfalls Teil des Schlossparks: der ⭐ 👥 *Zoo Salzburg.* 150 heimische und exotische Tierarten – vom Alpensteinbock über den Goldkopflöwenaffen bis zur Zebramanguste – leben auf dem rund 14 000 m² großen Gelände am Hellbrunner Berg. Beeindruckend sind die frei fliegenden Gänsegeier. Für Kinder gibt es eigene Führungen, und die Smartphone-Schnitzeljagd fasziniert auch die älteren: Mithilfe des Handys müssen virtuelle Tiere gefunden und ins digitale Stickeralbum eingeklebt werden, den Gewinn gibt es an der Kasse. *Zoo: März/ Okt. 9–17.30, April–Juni u. Sept. 9–18, Juli/Aug. 9–18.30, Nov.–Febr. 9–16.30 Uhr | Eintritt 12, Kinder (4– 14 J.) 5,50 Euro | Anifer Landesstr. 1 | salzburg-zoo.at | ⊞ G3*

SCHÖNER SCHLAFEN IN SALZBURG

SHABBY UND CHIC

Hier wohnst du wie der Erfinder der Salzburger Festspiele: Idyllisch am Weiher mit Blick auf den Untersberg gelegen und verführerisch ausgestattet, lädt das *Schloss Leopoldskron (12 Suiten u. 55 Zi. | Leopoldskronstr. 56–58 | Tel. 0662 83 98 30 | schloss-leopoldskron. com | €€€ | ⊞ 0)* in rund 270 Jahre alten Gemäuer zu einem romantischen Wochenende zu zweit geradezu ein.

URBANE ALMROMANTIK

Der Mönchsberg ist nicht nur perfekt für eine Auszeit mitten in der Stadt, sondern auch der Sitz der *Stadtalm (5 Zi. | Mönchsberg 19c | Tel. 0662 84 17 29 | stadtalm.at | € | ⊞ b4)*, eines urigen Wirtshauses, gebaut in die Überreste der mittelalterlichen Festungsmauern und mit atemberaubender Sicht auf die Stadt. Auch auf dem Menü: Zimmer für diejenigen, die mit Panoramablick in den Tag starten wollen.

FLACHGAU

AKTIV ABSCHALTEN!

Das Salzburger Land hat zwei Gesichter: In den südlichen Regionen Pinzgau und Pongau türmen sich mächtige Gebirge auf. Rund um die Stadt Salzburg ist die Landschaft des Flachgaus – wie der Name schon sagt – von sanften Hügeln und Seen geprägt. Liftstützen suchst du hier vergeblich, dafür erwarten dich ein bestens ausgebautes Radnetz und endlose Gelegenheiten, um sich an Land und im Wasser auszutoben. Kurz gesagt: Der Flachgau ist ein riesengroßes Naherholungsgebiet, das vom

Flach ist der Flachgau – perfekte Bedingungen also für Radler

Massentourismus mit Bettenburgen und Après-Ski-Bars bislang wohltuend verschont geblieben ist.
Die in der Region erhalten gebliebenen bäuerlichen Strukturen tragen zu einer gelungenen Mischung aus Natur- und Kulturlandschaft bei. Mit den Seen des ★ *Trumer Seenlands* (Grabensee, Mattsee, Obertrumer See, Wallersee) und vielen anderen ist der Flachgau beliebtes Ausflugsziel der Stadtsalzburger. Zahlreiche Radstrecken sind für kürzere und längere Touren geeignet.

Mit Sinn für Details: Salzburger Freilichtmuseum

ANIF

(🕮 G3) **Viel Grün, die Berge zum Greifen nah und Salzburg in Sichtweite: Anif (4300 Ew.) ist einer der hübschesten „Vororte" Salzburgs.** Dirigent Herbert von Karajan wohnte lange und fand seine letzte Ruhestätte hier; ein Bronzeporträt am Friedhof erinnert an ihn. In Richtung Hallein steht seit dem 16. Jh. das *Wasserschloss Anif,* es ist in Privatbesitz und nicht zu besichtigen. Der *Schlosspark* ist nur an Fronleichnam und beim Turmblasen am 8. Dezember zugänglich.

ESSEN & TRINKEN

SCHLOSSWIRT ZU ANIF

Elegantes Ambiente, ambitionierte österreichische Küche und eine heimelige Terrasse. *Di–Sa 11.30–14 u. 18–22 Uhr, So/Mo nur in der Festspielzeit | Salzachtalbundesstr. 7 | Tel. 06246 7 21 75 | schlosswirt-anif.at | €€*

HUSARENWIRT

Uraltes, gemütliches Anifer Wirtshaus mit guter Hausmannskost. Hier triffst du Künstler und Einheimische. *Do–Di 11.30–14.30 u. 17.30–23 Uhr | Anifer Str. 14 | Tel. 06246 7 23 54 | Facebook: Gasthof Husarenwirt | €*

SPORT & SPASS

Das *Waldbad Anif (April–Juni u. Sept. ab 10, Juli–Aug. ab 9 Uhr bis Sonnenuntergang | 7,50 Euro | Waldbadstr. 50 | waldbadanif.at)* ist Bergsee und Freibad zugleich. Das Wasser ist sehr sauber und eher kühl. Ab 18.30 Uhr kommst du ohne Eintritt hinein! Hier gibt es auch einen *Kletterpark (April/Okt. Sa/So 11–17, Mai/Sept. Fr–So 11–17, Juni–Aug. tgl. 10–18 Uhr | kletterpark-salzburg.at).* Du erreichst das Waldbad in 30 Min. zu Fuß durch die Anifer Au. Oder badest gleich ums Eck in der *Königsseeache.*

INSIDER-TIPP
Sommerabend im Waldbad

RUND UM ANIF

1 GLASENBACHKLAMM

6 km/10 Min. nordöstl. von Anif zum Parkplatz Glasenbachklamm (Auto)

In der Ortschaft Elsbethen befindet sich der Zugang zum perfekten Abkühlungsausflug an heißen Sommertagen: die Glasenbachklamm. Lernen kann man auf der Wanderung durch die Klamm auch etwas, denn entlang des Wegs erzählen Schautafeln Wissenswertes rund um die faszinierenden Steininformationen. *G3*

2 UNTERSBERG ⭐

4 km/7 Min. bis zur Seilbahn südwestl. von Anif (Auto)

Der 1853 m hohe Berg ist ein Ausläufer der Berchtesgadener Alpen, die höchste Erhebung des Flachgaus und der Hausberg der Salzburger zum Wandern, Bergsteigen, Klettern, Paragliden und Skifahren. Die Seilbahn führt von Grödig Sankt Leonhard zur Bergstation Geiereck auf 1776 m Höhe. *Seilbahn tgl. jeweils zur vollen u. halben Std. März–Juni u. Okt. 8.30–17, Juli–Sept. 8.30–17.30, Nov.–Feb. 9–16 Uhr | Berg- u. Talfahrt 26,50 Euro | Tel. 06246 72 47 70 | untersbergbahn. at | G3*

3 SALZBURGER FREILICHTMUSEUM ⭐ 👥

16 km/15 Min. südwestl. von Anif (Auto)

Im Freilichtmuseum stehen rund 100 Bauern- und Handwerkerhäuser, Höfe und Mühlen aus dem 16. bis 20. Jh. Wer das Areal nicht zu Fuß erkunden will, nimmt den kostenlosen Museumszug. *April–Juni u. Sept.–Mitte Okt. Di–So 9–18, Juli/Aug. tgl. 9–18, Mitte Okt.–Anf. Nov. Di–So 9–17 Uhr | Eintritt 12 Euro | Führungen nach Anmeldung: Tel. 0662 85 00 11 | Hasenweg 1 | Großgmain | freilichtmuseum.com | 🕐 2–3 Std. | F3*

FUSCHL AM SEE

(H–J3) **Der familienfreundliche Badeort Fuschl liegt am Ostufer des fast unbebauten, von Hügeln und Bergen umrahmten Fuschlsees am Eingang zum Salzkammergut.** Vom Ort (1600 Ew.) aus lässt es sich gut auf dem Rundweg (11,8 km) um den Fuschlsee wandern, oder du erklimmst den Schober (1328 m).

SIGHTSEEING

RUMING-MÜHLE

Wie funktioniert eine Mühle? Eine Vorführung (20 Min.) erklärt die Arbeitsweise der Ruming-Mühle, die ein schönes Exemplar aus dem 19. Jh. ist. Regionale Leckereien laden zum Zeit-Versitzen ein, dienstags wird Brot gebacken wie früher. *Mai–Sept. Di ab 12, Fr ab 14, Vorführung 15–17, Sa ab 13 Uhr | 🐾 Eintritt frei, Brot backen gegen Voranmeldung 4,50 Euro | Mühlenweg*

ESSEN & TRINKEN

EDENBERGER CAFÉ AM SEE

Das Restaurant lädt ein, bei Sonnenuntergang am Fuschlsee zu sitzen, einen kühlen Drink zu schlürfen und eine köstliche Pizza zu essen. *Mi–Fr ab 17, Sa ab 15, So ab 12 Uhr | Seestr. 15 | Tel. 06226 82 20 11 | edenberger.at | €€*

RESTAURANT IM HOTEL SEEROSE

Das charmante Haus mit Terrasse liegt direkt am See und serviert gute medi-

Rund um den Fuschlsee wandern oder auf den Schober hinauf – das ist hier die Frage

terrane Küche. *Mi–So 11.30–23 Uhr | Dorfstr. 20 | Tel. 06226 82 16 | hotel-seerose.at | €€*

BRUNNWIRT

Kleines, ausgezeichnetes Restaurant am See mit hübschem Garten. *Di–Fr ab 18 Uhr | Wolfgangseestr. 11 | Tel. 06226 82 36 | brunnwirt.at | €€€*

BAUMGARTENGUT

An den Tischen auf der Wiese servieren die freundlichen Töchter des Wirts „a frische Jaus'n", herrliche Kuchen und Strudel mit Zutaten aus eigener Land-wirtschaft und Produktion. *April–Okt. Mi–Sa ab 15, So ab 13, Dez.–April Do–So ab 14 Uhr | Fuschler Str. 73 | Tel. 0664 1 16 79 61 | baumgartengut.at | €*

SPORT & SPASS

Das glasklare Wasser des Fuschlsees hat Trinkwasserqualität, und Badespaß

ist garantiert. Miete ein Ruderboot oder unternimm einen Spaziergang um den See. Action verspricht die Sommerrodelbahn (*Mai–Okt. ab 10 Uhr | Berg- u. Talfahrt 7,70, Kinder 6,40 Euro | Gschwendt 268 | Strobl | Tel. 06226 84 52 | rodelnamsee.at*).

RUND UM FUSCHL

■ SCHLOSS FUSCHL

6 km/5 Min. nordöstl. von Fuschl (Auto)

In der Gemeinde Hof am Fuschlsee liegt das exklusive Schloss, in dem die berühmten Sissi-Filme mit Romy Schneider gedreht wurden, ein klei-nes Museum erinnert noch an die Dreharbeiten im Jahr 1955. Heute residieren im Hotel Staatsoberhäupter aus der ganzen Welt. Das *Schloss-restaurant* (€€€) wartet mit kulinarischen Höhepunkten auf. Unbedingt in der *Schloss-Fischerei* (Mo–Sa ab 8 Uhr | Schlossstr. 2 | Hof | Tel. 06229 22 53 15 33 | €€) vorbeischauen!

INSIDER-TIPP
Ein Schloss mit eigener Fischerei

Bei Fischer Gerhard Langmaier gibt es herrliche Räucherforellen und Co. – direkt aus dem See. Und auch Fischereikarten werden hier vergeben. *Schlossstr. 19 | Hof | Tel. 06229 2 25 30 | schlossfuschlsalzburg.com |* 🚇 *H3*

5 FAISTENAU

12 km/12 Min. südwestl. von Fuschl (Auto)

Die ausgedehnte Ortschaft (3000 Ew.) liegt auf einem Hochplateau mit beeindruckendem Bergpanorama und ist ein Eldorado für Skilangläufer. 🚌 Im Winter fährst du mit den Buslinien 150 und 155 von Salzburg nach Faistenau kostenlos, wenn du Langlaufausrüstung mit dir führst. Im *Bramsau Bräu* (*Mo/Di geschl. | Bramsaustr. 36 | Tel. 06228 25 66 | bramsau-braeu.at | €–€€*) gibt es neben selbst gebrautem naturtrübem Bier und bodenständiger Hausmannskost eine tolle Aussicht. Dazu einen großen Spielplatz.

Action im Sommer bekommst du in der *Strubklamm*. Bei einer drei- bis vierstündigen *Canyoningtour* (*nur geführt | ab 74 Euro | outdoorfriends.at*) erwarten dich Klippensprünge aus bis zu 10 m Höhe. Treffpunkt: Gasthof Obermayr (*Wiestalstraße 74 | Ebenau | Tel. 0664 73 46 58 25*). 🚇 *H3*

6 HINTERSEE

20 km/20 Min. südl. von Fuschl (Auto)

Am Talschluss, südöstlich von Faistenau, liegt nach 3 km malerisch der *Hintersee*, der zum Baden einlädt. Durch zahlreiche Influencer und Blogger wurde der paradiesische Ort zum Must-see. Nach weiteren 5,5 km erreichst du den gleichnamigen Ort (470 Ew.) – ein idealer Ausgangspunkt für Wanderungen. Im *Kunsthaus Hintersee* (*kunstimpuls.com*) kannst du Werke des Salzburger Künstlers Bernd Horak anschauen und erstehen. 🚇 *H3*

INSIDER-TIPP
Planschen am Foto-Hotspot

HENNDORF AM WALLERSEE

(🚇 *H2*) **Der Ort (5000 Ew.) mit viel Tradition liegt an einem der wärmsten Badeseen des Landes.**
Henndorf war jahrhundertelang eine wichtige Raststation auf dem Weg von Salzburg nach Wien. Zeuge ist das *Caspar Moser Bräu* von 1699, einer der ältesten Gasthöfe Österreichs. Mit Autoren wie Stefan Zweig, Ödön von Horváth oder Carl Zuckmayer war der Ort ein literarisches Zentrum, heute ist das *Literaturhaus (literaturhaus-henndorf.at)* eine Begegnungsstätte für Literaturinteressierte – auch eine Bibliothek ist im Haus untergebracht.

SIGHTSEEING

GUT AIDERBICHL 🐵

Michael Aufhauser wollte Gewalt gegen Tiere ein Ende setzen. Was als Plan begann, wurde zu einem Hof, auf dem unzählige Tiere eine neues Zuhause gefunden haben. Neben Pferden, Kühen und Hunden toben auch Schimpansen – in sicherer Umgebung – herum. Ein Ausflug, der nicht nur für Kinder spannend ist. *Tgl. 9–18 Uhr | Eintritt 10,50 Euro, Kinder (4–14 J.) 6 Euro | Berg 20 | gut-aiderbichl.com | ⏱ 2 Std.*

ESSEN & TRINKEN

WEYRINGER

Restaurant direkt am Wallersee mit Fusion-Küche; ausgezeichnete Fischauswahl. Wunderschöner Gastgarten. *Mi–So 12–14 u. 18–21.30 Uhr | Fenning 7a | Tel. 0664 1526218 | weyringer-wallersee.at | €€–€€€*

GASTHOF FISCHTAGGING

Einst Lieblingsplatz von Carl Zuckmayer; heute begeistern Gastgarten, Seeblick und die Speisekarte. 4 km von Henndorf. *Mi/Do geschl. | Fischtagging 8 | Seekirchen | Tel. 06212 23 28 | gasthof-fischtagging.at | €–€€*

SHOPPEN

BIOBAUERNMARKT

Auf dem Dorfplatz verkaufen die Bauern der Region einmal pro Woche Lebensmittel aus eigener Produktion und Bioanbau. *Do 15.30–18 Uhr*

SPORT & SPASS

An schönen Tagen geht's ins 🐵 *Henndorfer Strandbad (Fenning 7b | Mai-Mitte Sept. tgl. 10–19 Uhr | Eintritt 4, Familie 8 Euro | SUP-Verleih 8 Euro pro Std. | strandbad-henndorf.at),* da kannst du dich entscheiden zwischen See- und Poolwasser. Den ganzen Tag nur baden ist langweilig? Dann steig rauf aufs Brett zum Stand-up-Paddeln – und erleb selbst, warum SUP derzeit so boomt. Verleih im Strandbad.

EISZEITRUNDWEG

Wunderschöne Wanderrunde (lang: 13 km, oder kurz: 7 km), bei der du auf Schautafeln allerhand über die Entstehung des Seenlands während der Eiszeit lernst. Routeninfo unter *eiszeitrundweg.at.*

RUND UM HENNDORF

7 NEUMARKT AM WALLERSEE

7 km/10 Min. nordöstl. von Henndorf (Auto)

Wer für Barockes schwärmt, kommt an der Wehranlage für die Pfarrkirche in Neumarkt am Wallersee nicht vorbei. Das Restaurant im *Seehotel Winkler (Do 12–14 u. 18–21, Fr–So 12–21.30 Uhr | Uferstr. 32 | Tel. 06216 5 27 00 | seehotel.at | €€–€€€)* ist das Traditionslokal der Festspielszene und berühmt für seine Fisch- und Schneckengerichte sowie für die Palatschinken. *🗺 H1*

MATTSEE

(□ G1) **Der Ort (3400 Ew.) besticht durch seine Lage: eingebettet zwischen Mattsee und Obertrumer See und umrahmt von freundlichen Hügeln.**

Mattsee ist aber nicht nur ein beliebter Badeort, sondern auch Austragungsort des Musikfestivals „Diabelli-Sommer".

SIGHTSEEING

SCHLOSSBERG

Die ursprüngliche Anlage aus dem 12. Jh. verfiel im 18. Jh. Auf den Gebäuderesten wurde das *Neue Schloss Mattsee (schlossmattsee.at)* als Veranstaltungsort errichtet. Von hier aus hast du einen wunderbaren Rundumblick. In der *Cevichería* kannst du bei herrlichem Seepanorama essen – unter Neu-Pächter David Höfer bekommst du hier peruanische Fischspezialitäten. Unbedingt reservieren *(im Sommer tgl., sonst Mi geschl. | Tel. 06217 5 92 22 | €–€€)*!

INSIDER-TIPP
Fischteller garniert mit Wasserblick

KOLLEGIATSTIFT

Es stimmt schon: Kirche kann manchmal langweilen. Nicht so das Stift Mattsee. Das Stift ist das älteste noch bestehende Weltpriesterstift, das auch heute noch Kulisse für zeitgenössische Kultur bietet. In den Kapitelsälen des Stifts und im Neuen Schloss findet der *Mattseer Diabelli-Sommer* statt. Beim Festival im Seenland hörst du Meisterstücke vom Barock bis ins 21. Jh. Und was passt perfekt zu schöner Musik im Sommer? Ein gutes Glas Wein. Seit 1150 besitzt das Stift Mattsee offiziell einen Weingarten in der Wachau. Im *Weinkeller Stift Mattsee (Verkauf April–Okt. Do–Sa 10–12, Fr auch 16–18 Uhr, Nov.–März nur Fr/Sa | Weinkostungen Juni–Aug. jeden 1. und 3. Fr ab 19 Uhr | ⌚ 2 Std. | Tassiloweg 4 | stift mattsee.at)* gibt es neben dem Verkauf von Biowein auch Weinverkostungen.

STIFTSMUSEUM

Das in der Propstei eingerichtete Museum zeigt Geräte, Gemälde und Handschriften. Es beherbergt außerdem eine umfangreiche Bibliothek, in

Die Bronzeplastik der Stiftskirche Mattsee zeigt Bayernherzog Tassilo III.

der sich u. a. eine Urkunde aus dem Jahr 860 befindet. Einige Räume sind dem Komponisten und Verleger Anton Diabelli gewidmet. *Juli/Aug. Mi, Fr/Sa 15–17 Uhr | Eintritt 4,50 Euro | Stiftsplatz 1 | Führungen: Tel. 06217 52 02 | stiftmattsee.at |* ◷ *1½ Std.*

ESSEN & TRINKEN

KAPITELWIRT LEOBACHER

Im alten Gemäuer des legendären Kapitelwirts wird in *Leos Gasthaus* saisonale bodenständige Küche serviert. Nebenan in der Vinothek mit *Restaurant* gibt es nach Voranmeldung Verkostungen für Gruppen. *Mo, Do/Fr 10–14 u. 17–24, Sa ab 9.30, So 9.30– 14 Uhr | Marktplatz 7 | Tel. 06217 52 03 | dasleobacher.at | €*

GASTHAUS MAYRHOF

Das Gasthaus Mayrhof bietet eine Riesenauswahl an süßen und salzigen Knödeln, von den Mattseern wird es liebevoll „Kaswirt" genannt. *Do–So ab 10 Uhr | Untermayrhof 4 | Tel. 0664 5 79 35 56 | short.travel/sal2 | €*

SPORT & SPASS

Mattsee verfügt über zahlreiche Radwanderwege, ein Strandbad und eine Segelschule. Entspannungsuchende haben außerdem die Möglichkeit, eine *Schiffsrundfahrt (Mai–Okt. Di, Do, Sa, So ab 10.30 (Mattsee), Sa/So zusätzlich ab 16 Uhr |* ◷ *2 Std. | Rundfahrt 15 Euro | segelschule-mattsee.at)* mit der „Seenland" zu unternehmen – Anlegestellen findest du am Mattsee und am Obertrumer See.

RUND UM MATTSEE

8 SEEHAM

5 km/7 Min. westl. von Mattsee (Auto)
Am Westufer des Obertrumer Sees liegt dieser sympathische kleine Badeort (1900 Ew.), der sich „Biodorf" nennt: Mehr als 80 Betriebe arbeiten ökologisch, das Engagement wird immer weiter ausgebaut. Empfehlenswert ist der Gasthof *Zum Altwirt (tgl. | Dorf 1 | Tel. 06217 55 22 | altwirt.at | €).* ▭ *G1*

9 TEUFELSGRABEN

7 km/10 Min. südwestl. von Mattsee (Auto)
Durch die wildromantische Schlucht bei Seeham führt ein Natur- und Erlebnispfad *(2,5 km |* ◷ *2 Std.)* u. a. zum Wildkarwasserfall. Am Weg steht die *Röhrmoosmühle (Führungen Mai–Okt. Di 10 u. 11, So zwischen 14 u. 16 Uhr | Ticket 5 Euro |* ◷ *30 Min.),* die man im Rahmen des Öko-Kulturprojekts Teufelsgrabenbach revitalisiert hat – die Biobauern der Umgebung lassen hier mahlen. Am Eingang zur Schlucht liegt ein *Hochseilpark (hochseilpark.at).* Besonders intensiv wird das Erlebnis Teufelsgraben bei einer geführten *Sagenwanderung (Mai–Okt. Di 9.30 Uhr | Beitrag 3 Euro |* ◷ *2 Std.). teufelsgraben.at |* ▭ *G1*

INSIDER-TIPP
Gruselig-schöne Sage

10 OBERTRUM AM SEE

6 km/8 Min. südl. von Mattsee (Auto)
Am Südufer des Obertrumer Sees gelegener Marktort (5000 Ew.), der nach

Schätze aus seiner langen Geschichte zeigt die Abtei Michaelbeuern

einem Brand 1917 weitgehend wieder aufgebaut wurde. Die **Trumer Privatbrauerei hat sich als Biermarke weltweit etabliert, wird aber nur an ausgewählte Händler vertrieben.** Der junge Inhaber Seppi Sigl hat sich als Aktivist für die Integration von Flüchtlingen und die Förderung lokaler Kunstprojekte einen Namen gemacht. Die Philosophie des Unternehmens lautet „Alles anders als alle anderen". Vor Ort gibt es eine „Creativ-Brauerei", ein unterhaltsames Kabarett mit Bier zum Anstoßen sowie Führungen *(Juni–Sept. Di 16.30 Uhr | Anmeldung erforderlich: beer@trumer.at | Eintritt 10,50 Euro | Brauhausgasse 2 | trumer.at | ⏱ 1½ Std.).*
Der *Braugasthof Sigl (Mo u. Do–Sa 11–24, So 9–22 Uhr | Dorfplatz 1 | Tel. 06219 7700 | braugasthof-sigl.at | €)* hat einen schönen, schattigen Garten. Toll für Wasserratten: das gemütliche Strandbad und die Segelschule des Orts. ▥ *G2*

IDER-TIPP
Flüssiges Gold

11 BENEDIKTINERABTEI MICHAELBEUERN ★

11,5 km/15 Min. nordwestl. von Mattsee (Auto)

Die Abtei wurde im 8. Jh. gegründet. Die ältesten erhaltenen Teile stammen aus der Zeit der Romanik. Glanzstück der nach 1945 reromanisierten Stiftskirche ist der barocke *Hochaltar* von Meinrad Guggenbichler (1649–1723) mit dem Altarbild von Johann Michael Rottmayr (1654–1730). Bei einer Führung siehst du die barocke Bibliothek, die mehr als 20000 Bände enthält, den Abteisaal mit einem Deckenfresko von Franz Nikolaus Streicher, einem begehrten Porträtisten der Mozartzeit, und den Kreuzgang. Außerdem werden Kostbarkeiten aus der Klostersammlung in wechselnden Ausstellungen gezeigt. *Führungen von Ostermontag bis Okt. So 14–16 Uhr, Gruppen nach Vereinbarung | Eintritt 4 Euro | Tel. 06274 8116 | www.abtei-michaelbeuern.at | ⏱ 2 Std. |* ▥ *G1*

SALZ-
KAMMERGUT

HALLO SOMMERFRISCHE!

Das Salzkammergut dient den Salzburgern dazu, ihre Mitte zu finden: Die Landschaft zwischen Atter- und Traunsee, Hallstättersee und Ausseersee tut nicht nur den Augen gut, sie sorgt auch fürs innere Gleichgewicht.

Außerdem ist das Salzkammergut wichtig für die Völkerverständigung – es verbindet drei österreichische Bundesländer miteinander: Salzburg, Oberösterreich und die Steiermark. Ein wenig wirkt es, als wäre die Zeit stehen geblieben. Wenn du z. B. in Bad Ischl ankommst,

Hallo, Echo! Lausch mal, wenn's von der Trisselwand am Altaussee zurückschallt

siehst du historische Bauten, und fühlst beinahe das Flair der zweiten Hälfte des 19 Jhs., als die Adeligen, Großbürger und Künstler hier Energie tankten. Die Gegend eignet sich immer noch hervorragend für eine Auszeit, egal ob beim Surfen, Paragliden oder Klettern. Entschleunigend ist auch ein Spaziergang durch Bad Aussee oder Bad Ischl: Du betrachtest die schönen Blumenarrangements, genießt einen Kaffee in einem der kaiserlich anmutenden Kaffeehäuser – und tust einfach mal nichts. Auch schön!

SALZKAMMERGUT

Schörfling
am Attersee

Kammer

Straß im Attergau

Wildenhag
im Attergau

Abtsdorf

Attersee

Weyregg
am Attersee

Altenberg

Nußdorf
am Attersee

A1

Schlößl

1 Oberwang

Parschallen

Seefeld

2 Steinbach am Attersee

Mondsee
S.70

Unterach
am Attersee
3

Weißenbach
am Attersee

Pöllach

Sankt Gilgen
S.72

Pacher-Altar ★

Gschwand

Sankt Wolfgang
S.73

Russbach

Abersee

Schwarzenbach

Weinbach

Kaiservilla ★

38 km, 35 Min.

Strobl

Windhag

Bad Ischl
S.74

Kaltenbach

Reitern-
dorf

Bad Goisern

Handwerkhaus Bad Goisern **4**

Gschwandt

Sankt Agatha

*Hallstätter
See*

Rußbach
am Paß Gschütt

Gosau

Abtenau

Lindenthal

Salfelden

Hallstatt ★
S.76

Wiesen
Kleinreith
Feichtenberg
Innergrub
Neuhofen
Oberndorf
Gschwandt
Gmunden
S. 79
Großkufhaus
Gmundnerberg
Kranichsteg
Viechtwang
8 Altmünster
Ebenzweier
Sankt
Konrad
Steinfelden
Reindlmühl
Mühldorf
Scharnstein
Neukirchen
bei Altmünster
9 Traunkirchen
Grünau
im Almtal
50 km, 50 Min.
10 Ebensee
Rindbach
Roith
Lahnstein
Traun
Offensee

MARCO POLO HIGHLIGHTS

★ **PACHER-ALTAR**
In St. Wolfgang: einer der
bedeutendsten gotischen Flügelaltäre
Mitteleuropas ➤ S. 73

★ **KAISERVILLA**
In Bad Ischl verbrachten Franz Joseph I.
und seine Sisi den Sommer ➤ S. 75

★ **HALLSTATT**
Welterbe der Kultur im Zeichen des
Salzes ➤ S. 76

★ **3-SEEN-TOUR**
Kitschig schön, aber auch geheimnisvoll
präsentiert sich das steirische
Salzkammergut bei dieser Tour zu
Wasser und zu Land ➤ S. 79

Altaussee **6**
Gößl
Toplitzsee
7 Grundlsee
3-Seen-Tour ★
17 km, 30 Min.
Bad Aussee
S. 78
Traun
Äußere
Kainisch
Obersdorf
Obertraun
Knoppen
Bad Mitterndorf
5 Dachsteinhöhlen

4 km
2.49 mi

MONDSEE

(📖 J2) **Grüße aus der Vergangenheit: Noch heute freuen sich Gäste über das schön anzusehende alte Kloster Mondsee. Zwar wurde das Stift Mondsee 1791 aufgelöst, doch die ehemaligen Stiftsräumlichkeiten werden als Wohn-, Geschäfts- und Veranstaltungsareal genutzt.**

Teile des früheren Klosters beherbergen das *Schlosshotel Mondsee*. Im Ort leben 3900 Einwohner, der See ist wegen seiner angenehmen Wassertemperaturen beliebt. Zu Sommerende präsentieren die *Mondsee-Tage* Musik und Literatur.

Im Inneren der Stiftskirche in Mondsee trifft Gotik auf Barock

SIGHTSEEING

BASILIKA MONDSEE

Die ehemalige Stifts- und heutige Pfarrkirche zum Hl. Michael besticht durch ihren gotischen Innenraum und ihre barocke Ausstattung. Sie war der Spielort der „The Sound of Music"-Hochzeitsszene.

PFAHLBAU- UND KLOSTERMUSEUM

Die Pfahlbaukultur des Mondseelands ist namensgebend für die regionale Kultur in der Jungsteinzeit. Umfangreiche Funde – von Keramik bis Steinwerkzeug – und Forschungsergebnisse entführen in die Welt der Urahnen. Daneben wartet im Klostermuseum sakrale Kunst auf Besucher. *Mai–Okt. 10–17 Uhr | Eintritt 7 Euro | Marschall-Wrede-Platz 1 (Kloster) | museummondsee.at | ⏱ 2 Std.*

ESSEN & TRINKEN

DRACHENWAND

Gasthaus in einem 500 Jahre alten Gebäude am Fuß der Drachenwand. Auf den Tisch kommen österreichische und internationale Küche, darunter ausgezeichnete Fischgerichte. *Mi–So | Sankt Lorenz 46 | Tel. 06232 33 56 | drachenwand.at | €€*

HOLZINGERBAUER

Ein kühler Most im Garten nach einem Badetag – und das Glück ist perfekt. Spezialität: der Mondseer-Käse nach einem Rezept von 1830. *Mo/Di/Do/Fr ab 15 Uhr (Reservierung empfohlen) | Oberburgau 12 | Tel. 06232 38 41 | €*

SEEHOTEL LACKNER
Seegasthof mit der besten Küche weit und breit. Zubereitet werden frische Fische aus der Region. *Do–Di 14–20.30, So 12–20.30 Uhr | Reservierung nötig | Mondseestr. 1 | Tel. 06232 2 35 90 | seehotel-lackner.at | €€–€€€*

SPORT & SPASS

Auf dem Mondsee wird gesegelt, gesurft und Wasserski gefahren. Das großzügig angelegte *Alpenseebad (Seebadstr. 3 | mondsee.salzkammer gut.at)* hat eine 45 m lange Erlebnisrutsche. Die 👥 *Segelschule Mondsee (Robert-Baum-Promenade 3 | segelschule-mondsee.at)* bietet u. a. Segel-, Surf-, Kitekurse für Kinder und Jugendliche. Gut ausgeschilderte Wanderwege führen zu faszinierenden Ausblicken auf die Seen- und Bergwelt.

RUND UM MONDSEE

1 OBERWANG
11 km/14 Min. nordwestl. von Mondsee (Auto)
Der kleine Ort (1700 Ew.) ist bekannt durch die Operette „Der fidele Bauer". Versäum nicht, einen Blick in die *Pfarrkirche Sankt Kilian* (mit einem Hochaltar des Bildhauers Meinrad Guggenbichler) zu werfen, bevor du eine Stärkung im Wirtshaus *Fideler Bauer (Mo geschl. | Großen-*

schwandt 31 | Tel. 06233 85 70 | fide ler-bauer.at | €–€€) genießt. ⬜ *J2*

2 STEINBACH AM ATTERSEE
23 km/26 Min. östl. von Mondsee (Auto)
Am Fuß des Höllengebirges gelegen, wurde Steinbach (900 Ew.) Ende des 19. Jhs. berühmt, als Gustav Mahler mehrere Sommer dort verbrachte und sich am See ein Komponierhäuschen errichten ließ. Hol dir den Schlüssel für Mahlers Domizil ab und schau, wie es darin aussieht. Einfach fragen im *Hotel und Restaurant Föttinger (im Sommer tgl., sonst variable Ruhetage | Seefeld 14 | Tel. 07663 81 00 | €€)*, das für seine Fischspezialitäten bekannt ist. Im Juli und August finden in Steinbach die *Philharmonischen Wochen (Infotel. 0664 73 59 12 47)* statt. ⬜ *K2*

> **INSIDER-TIPP**
> Wie Komponisten Urlaub machen

3 UNTERACH AM ATTERSEE
14 km/16 Min. südöstl. von Mondsee (Auto)
Für viele ist Unterach (1500 Ew.) der Lieblingsplatz am „Meer der Linzer", wie der Attersee auch genannt wird. Überreste einer Pfahlbausiedlung verweisen auf eine sehr frühe Besiedelung. Opulentes Frühstück gibt es hier in der *Röhre (April–Dez. Mo/Do/Fr ab 15, Sa/So ab 9 Uhr | Eichenweg 1 | Tel. 0664 1 33 98 64 | dieroehre.com | €€)*. Für den noch größeren Hunger hast du die Wahl zwischen österreichischen, asiatischen oder amerikanischen Speisen. ⬜ *J–K 2–3*

Es muss nicht immer Schnee sein: Herbst in Sankt Wolfgang am Wolfgangsee

SANKT GILGEN

(□ J3) **Im lebendigen Mozart-Dorf (3900 Ew.) am Wolfgangsee hat auch Altbundeskanzler Helmut Kohl viele Sommer verbracht.** Mozarts Mutter wurde 1720 hier geboren, seine Schwester Nannerl lebte viele Jahre mit ihrem Mann, dem Gerichtspfleger Berchtold von Sonnenburg, im Geburtshaus der Mutter.

SIGHTSEEING

MOZARTHAUS SANKT GILGEN

Die lohnende Ausstellung im Bezirksgericht Sankt Gilgen zeigt Briefe, Noten und Gemälde. *Juni–Sept. Di–So 10–16 Uhr | Eintritt 4 Euro | Ischler Str. 15 | mozarthaus.info | ⏱ 1½ Std.*

ESSEN & TRINKEN

FÜRBERG – GASTHOF UND HOTEL

Im 700 Jahre alten Gasthaus werden Saibling, Forelle oder Reinanke aus eigener Zucht serviert. Zudem gibt's eine schöne Badebucht. *Juli/Aug. tgl. 11.30–21 Uhr, sonst Di. geschl. | Fürbergstr. 30 | Tel. 06227 2 38 50 | fuerberg.com | €€–€€€*

WIRT AM GRIES

Wirtshaus mit Bodenhaftung und Esprit zugleich; auf den Tisch kommen regionale Gerichte der Saison. *Mi–Fr ab 17.30, Sa/So 11.30–14 u. 17.30–21 Uhr | Steinklüftstr. 6 | Tel. 06227 23 86 | wirtamgries.at | €–€€*

SPORT & SPASS

Morgens geht's los zur Wanderung aufs *Zwölferhorn (12erhorn.at)*. Den

Abstieg übernimmt die Seilbahn. In Sankt Gilgen findest du zudem eine Wasserski- und Segelschule: *Wassersportzentrum Engel (Seepromenade St. Gilgen | Tel. 0664 5 85 08 91 | wassersport-engel.at)*

SANKT WOLFGANG

(*J3*) **Die Ikone des Salzkammerguts, heute eine Marktgemeinde mit 2800 Einwohnern, verdankt ihre Berühmtheit einer Legende um den Hl. Wolfgang, Bischof von Regensburg, einer Operette und einem Film.**

Der Komponist Ralph Benatzky (1884–1957) hob 1930 🚩 *Sankt Wolfgang* mit „Im weißen Rössl" in den Operettenhimmel. Die gleichnamige Komödie von 1960 ist ein Filmklassiker. 2013 wurde das „Weiße Rössl – Wehe, du singst" als Musical neu verfilmt. Auf dem Friedhof am Ortsrand liegt Benatzky begraben, wie auch der deutsche Schauspieler Emil Jannings (1884–1950), der viele Sommer am Wolfgangsee verbracht hat.

SIGHTSEEING

PACHER-ALTAR ⭐

In der Pfarrkirche (12. Jh.) steht einer der bedeutendsten gotischen Flügelaltäre Mitteleuropas. 1481 fertiggestellt, repräsentiert er das Hauptwerk Michael Pachers. Kunsthistorisch bedeutend sind neben dem Barockaltar von Thomas Schwanthaler auch die von Meinrad Guggenbichler geschaffenen Statuen.

ESSEN & TRINKEN

DORF-ALM

Gasthaus im Stil einer Almhütte mit zünftiger Küche und einem *Puppenmuseum (Mo–So 11–18 Uhr | Eintritt 5 Euro)* mit mehr als 1500 Barbiepuppen. *Mi–Mo 11–23 Uhr | Markt 123 | Tel. 06138 2 01 45 | dorf-alm.at | €€*

SEEBÖCKENHOTEL ZUM WEISSEN HIRSCHEN

Auf der romantischen Seeterrasse unter Kastanienbäumen lässt sich hervorragend Regionales, Vegetarisches oder Leckeres aus der hauseigenen Konditorei schlemmen. *Tgl. 11.30–21, Fr ab 18 Uhr | Markt 73 | Tel. 06138 22 38 | weisserhirsch.at | €€–€€€*

SPORT & SPASS

Auf dem 🚩 *Wolfgangsee* sind neben Schiffstouren nach Sankt Gilgen und Strobl auch Wasserskifahren und Wakeboarding gefragt. Schön ist ein Spaziergang um den See oder eine Wanderung auf den *Schafberg* (1783 m). Alternativ bringt dich die *Schafbergbahn (Talstation Mai–Sept. tgl. 9–16.30 Uhr stündl. Abfahrt, Juli/ Aug. Sa Nostalgiefahrten | Ticket Berg- oder Talfahrt 30,60 Euro, Berg- und Talfahrt 43,30 Euro | schafberg bahn.at)* hinauf.

13ER HAUS

Das 13er Haus ist eine gemütliche Bar im Zentrum von St. Wolfgang, die vor allem am Wochenende von Einheimischen als Treffpunkt angesteuert wird. Eine Altersgrenze gibt es nicht: Jung trifft auf Alt, und alle genießen die entspannte Atmosphäre. *Mi–Mo ab 18 Uhr | Markt 21 | Tel. 0699 19 84 26 06 | 13erhaus.at*

BAD ISCHL

(□ K3) **Das „Kaiserfest" zum Kaisergeburtstag am 18. August, die Operettenklänge der Lehár-Festspiele und köstliche altösterreichi-** sche Mehlspeisen beim Zauner: All das lockt Tausende im Sommer nach ⚑ Ischl.

In der lebendigen Kur- und Operettenstadt (14 100 Ew.) entdeckst du auf Schritt und Tritt Details aus der K.-u.-k.-Monarchie. Und triffst beim Flanieren auf der Esplanade elegante Sommerfrischler, die auch in die damalige Zeit gepasst hätten.

Franz Lehár machte Ischl zu einem Mekka der Operette. In seiner an der Traun gelegenen Villa ist eine Gedenkstätte mit unzähligen Erinnerungsstücken eingerichtet. Die 1961 gegründeten Operettenfestspiele sind nach ihrer erfolgreichen Modernisierung bekannt als *Lehár Festival Bad Ischl (Kongress- & Theaterhaus Bad Ischl | Kurhausstr. 8 | Tel. 06132 2 38 39 | leharfestival.at).*

Pastry auf Salzburgisch: Punschkrapfen in der Konditorei Zauner

SIGHTSEEING

KAISERVILLA ⭐
Die schlossartig ausgebaute Biedermeiervilla war das Hochzeitsgeschenk von Kaisermutter Sophie an Franz Joseph I. und Sisi. Es ist auch der Schreibtisch zu sehen, an dem Franz Joseph im Sommer 1914 die Kriegserklärung an Serbien unterschrieb. Dass der Monarch ein begeisterter Jäger war, zeigen die unzähligen Jagdtrophäen. *Jan.–März Mi 10–16, April/Okt. tgl. 10–16, Mai–Sept. tgl. 9.30–17 Uhr, Advent Sa/So 10–16 Uhr | Eintritt 15,50 Euro | kaiservilla.at | ⏲ 2 Std.*

LEHÁRVILLA
Wo der Komponist Franz Lehár wohnte, siehst du heute persönliche Erinnerungsstücke und Dokumente einer großen Operettenära. *Mai/Juni, Sept. Mi–So 10–17, Juli/Aug. Mo, Mi–So 10–17 Uhr | 5,80 Euro | Franz-Lehár-Kai 8 | stadtmuseum.at/hg_leharvilla.php*

MUSEUM DER STADT
Im ehemaligen Erbhaus der Salzfamilie Seeauer fand 1853 die Verlobung von Kaiser Franz Joseph I. mit Elisabeth in Bayern – so Sisis offizieller Name – statt. Heute wird hier Bad Ischls Entwicklung von der Salz- zur Kurstadt gezeigt. *Mi 14–19, Do–So 10–17 Uhr | Eintritt 5,50 Euro | Esplanade 10 | stadtmuseum.at | ⏲ 1 Std.*

ESSEN & TRINKEN

RESTAURANT ATTWENGER
Gelungene Mischung aus regionaler Küche mit internationalen Einflüssen. Dazu gibt's hervorragenden Wein, Craft-Biere und Cocktails. *Mi–Fr ab 14, Sa/So ab 12 Uhr | Leharkai 12 | Tel. 06132 2 97 03 | restaurant-attwenger.at | €€*

KONDITOREI ZAUNER
Weit über die Stadtgrenzen hinaus bekannt ist das Traditionscafé (seit 1832) mit seinen Zaunerkipferln, dem Zaunerstollen und den legendären Florentiner-Keksen: knusprige Mandel-Honigmasse, abgerundet mit Zartbitterschokolade. Unbedingt probieren! *Tgl. | Pfarrgasse 7 | weitere Filiale: Grand Café Restaurant Esplanade (Hasnerallee 2) | Tel. 06132 2 33 10 20 | zauner.at*

INSIDER-TIPP
Kaiserlicher Leckerbissen

SPORT & SPASS
Über einen schattigen Waldweg gelangst du in einer halben Stunde zur Aussichtswarte auf dem *Siriuskogel*, um einen tollen Blick über die Stadt zu genießen. Wer höher hinaus und wandern will, fährt mit der Gondelbahn *(katrinseilbahn.com)* auf die *Katrin* (1500 m), den Hausberg der Ischler. Am Klettersteig dort kannst du dich wunderbar auspowern.

AUSGEHEN & FEIERN
Selbst die Ischler Nachtszene hat etwas vom ehemaligen K.-u.-k.-Charme. Bei Nachtschwärmern beliebt ist das *Stehbeisl (tgl. bis 2 Uhr | Auböckplatz 6 | stehbeisl.at)*, im *K & K Hofbeisl (Wirerstr. 4 | kukhofbeisl.com)* und im *Augustin Huber – Ahu Pub (Pfarrgasse 2)* geht es gemütlich zu.

HALLSTATT

(🗺 K4) ⭐ **Hallstatt (ca. 750 Ew.) mit seinen alten Fischerhäuschen lebt vom Tourismus. Dass der Ort zu schön ist, um wahr zu sein, weiß mittlerweile die ganze Welt.**

Bereits vor gut 4000 Jahren besiedelten Menschen die Region, um nach Bodenschätzen zu suchen. Wie viele Orte in dieser Gegend kam Hallstatt durch Handel und Salzgewinnung zu Reichtum. Dabei war der Weg das Ziel, denn bis Ende des 19. Jhs. konnte man Hallstatt nur per Schiff über den *Hallstätter See* oder auf schmalen Pfaden erreichen. Heute sieht das anders aus: Täglich kommen Busladungen von Besuchern in die Ufergemeinde, asiatische Touristen wollen sich den Ort, den die Chinesen in der Provinz Guangdong sogar nachgebaut haben, im Original ansehen und die typischen Fotos vom See schießen. Nicht immer zur Freude der Einheimischen. Mit hohen Gebühren für Touristenbusse versucht man, den Andrang der Tagesgäste zu regulieren.

Hallstatts Salzberg ist der weltweit älteste noch bewirtschaftete Bergbaubetrieb, der Ort samt Umgebung zählt zum Unesco-Welterbe.

SIGHTSEEING

PFARRKIRCHE

Ganz schön gruselig: Im Karner der Kirche, dem *Hallstätter Beinhaus (Mai–Okt. tgl. 10–18 Uhr | Eintritt 1,50 Euro)* werden rund 1200 Totenschädel aufbewahrt. Die meisten von ihnen sind dekoriert und mit Namen und Jahreszahl versehen. Da auf dem Friedhof Platzmangel herrschte, kamen bei Umbettungen die Schädel in das Beinhaus.

MUSEUM HALLSTATT

Als sie in Hallstatt ein prähistorisches Gräberfeld fanden, konnten es die Archäologen kaum fassen: Sie waren auf das Zentrum einer uralten Zivilisation gestoßen. Das Museum beleuchtet die faszinierende Geschichte dieser sogenannten Hallstatt-Kultur. *Mai–Sept. tgl. 10–18 Uhr, April/Okt. tgl. 10–16 Uhr, Nov.–März Mi–So 11–15 Uhr | Eintritt 10 Euro | Seestr. 56 | museum-hallstatt.at | ⏱ 1 Std.*

SALZWELTEN HALLSTATT

Das Leben des 1734 gefundenen „Manns im Salz" und der prähistorische Bergbau stehen im Mittelpunkt der Salzwelten-Ausstellung. Darüber hinaus geht es im Bergwerk über die 🗣 längste Bergmannsrutsche Europas – ein Highlight! – und an einem mystisch beleuchteten Salzsee vorbei. *Tgl., März, Okt.–Dez. 9.30–14.30 Uhr, April–Sept. 9.30–16.30 Uhr | Eintritt 36, Kinder (4–15 J.) 18 Euro (inkl. Panoramabahn) | salzwelten.at | ⏱ 2 Std.*

INSIDER-TIPP
Unterirdisch schönes Erlebnis

ESSEN & TRINKEN

BRÄUGASTHOF

Auf der Seeterrasse und in den heimeligen Stuben dieses beliebten

Am historischen Marktplatz Hallstatts ist es nicht immer so ruhig

Gasthofs von 1472 stehen Gutbürgerliches und regionale Schmankerln auf der Speisekarte. *Tgl. | Seestr. 120 | Tel. 06134 82 21 | brauhaus-lobisser.com | €*

SPORT & SPASS

FLUSSSCHNORCHELN

Geh unter Wasser, auch ohne Tauchausbildung: Beim Scuben schnorchelst du durch die Strubklamm bei Hallstatt oder in der Wilden Traun und lässt dich von der Strömung treiben. Scubingtouren bietet das *Tauchcenter Dachstein-Salzkammergut (Kosten mit Leihausrüstung 65 Euro, Schnorchelkurs für Nichttaucher 25 Euro | Tel. 0664 1 81 49 12 | dive-adventures.at).*

RUND UM HALLSTATT

4 HANDWERKHAUS BAD GOISERN

12 km/17 Min. nördl. von Hallstatt (Auto)

Im renovierten Schloss Neuwildenstein zeigen Meisterbetriebe aus der Region Handwerkskunst. *Mo–Fr 9–12 u. 14–18, Sa 9–12 Uhr | Rudolf-von-Alt-Weg 6 | Tel. 06135 5 08 00 | handwerkhaus.at | K4*

5 DACHSTEINHÖHLEN

7,5 km/15 Min. östl. von Hallstatt (Auto)

Das Dachsteinmassiv am Hallstätter See erreichst du ganz bequem mit der

Krass, da wächst ein Riesen-Eiszahn von der Decke: Eishöhle im Dachsteingebirge

Seilbahn oder – etwas anstrengender – auf einer der vielen Aufstiegsrouten. Stopps solltest du bei den beiden Tropfsteinhöhlen einlegen: Welche lockt dich mehr, die *Mammuthöhle* (von mehr als 60 km Gängen ist ein kleiner Teil für Touristen begehbar) oder die *Eishöhle* mit ihren Hallen und Domen (800 m von 2700 m sind begehbar)?

Der Besuch der Dachsteinhöhlen dauert jeweils 1½ Std. und die Temperatur liegt um den Gefrierpunkt. Feste Schuhe und warme Kleidung sind also unerlässlich. Ausgangspunkt ist die Mittelstation der Dachsteinbahn Obertraun (5 km östlich von Hallstatt). *Tgl., Mai–Okt. Bergfahrt ab 8.40 Uhr | Eintritt ab 45,20 Euro (beide Höhlen, Seilbahn inbegriffen) | dachstein-salzkammergut.com |* 🕐 *1½ Std. |* 📖 *L4–5*

BAD AUSSEE

(📖 L4) **Die kleine Stadt (4900 Ew.) ist seit 1868 Kurort, und das Soleheilbad wird nach wie vor viel besucht.**

In Bad Aussee wird gern Tracht getragen, und auch sonst ist man traditionsbewusst. Dass hier aber auch der geografische Mittelpunkt Österreichs liegt, macht die Bad Ausseer besonders stolz. Legendär ist das *Narzissenfest (narzissenfest.at)* Ende Mai.

KAMMERHOF

Im gotischen Kammerhof, dem einstigen Sitz der Salzverwaltung, ist ein Heimatmuseum untergebracht. Besonders sehenswert: der mit gotischen

Fresken verzierte Kaisersaal. *Ostern, Ende April–Mitte Juni u. Mitte Sept.–Okt. Di–Fr u. So 10–13, Sa 11–16, Mitte Juni–Mitte Sept. tgl. 10–17 Uhr | Eintritt 7 Euro | Chlumeckyplatz 1 | kammer hofmuseum.at | ⏱ 1 Std.*

ESSEN UND TRINKEN

STAUD'NWIRT 🐗

In dem familienfreundlichen Landgasthof am Weg zum Grundlsee bekommst du eine preisgünstige Mahlzeit. *Mi geschl. | Grundlseerstr. 21 | Tel. 03622 5 45 65 | staudnwirt.at | €*

RUND UM BAD AUSSEE

6 ALTAUSSEE
4,5 km/7 Min. nördl. von Bad Aussee (Auto)

Der alte Salzort (1900 Ew.) am gleichnamigen See zählt neben Bad Aussee zu den touristischen Zentren des steirischen Salzkammerguts. Das seit dem 8. Jh. bestehende *Salzbergwerk (ganzjährig Führungen | Eintritt 20 Euro | Tel. 06132 2 00 24 00 | salz welten.at | ⏱ 1½ Std.)* kannst du auf einer Tour mit festem Schuhwerk und warmer Kleidung entdecken – durch Stollen und über Rutschen am unterirdischen Salzsee vorbei.

Ein wunderbares Erlebnis ist der Rundgang *(8 km | ⏱ Gehzeit ca. 2½ Std.)* um den malerisch gelegenen See, im Sommer kannst du an vielen Stellen einfach reinspringen.

Zur Einkehr empfiehlt sich die *Blaa-Alm (Mi–Sa 10–22, So bis 17 Uhr, Juli/Aug. auch Di | Lichtersberg 73, erreichbar über die Loser-Panoramastraße | Tel. 03622 7 11 02 | blaa-alm.co.at | €€).* Die Wildspezialitäten hier stammen aus der eigenen Jagd; Vegetarier bestellen den besten Kaiserschmarrn weit und breit. 📖 *L4*

7 GRUNDLSEE
5 km/7 Min. östl. von Bad Aussee (Auto)

Die weiten Ufer des großen Sees laden mit sanften Liegewiesen auf 14 km Uferlänge zum Badetag. Zeit für die romantische ⭐ *3-Seen-Tour (Mai–Sept. tgl. | 29 Euro | 3-seen-tour. at)* solltest du dir aber trotzdem nehmen: Per Schiff, zu Fuß und mit dem Holzboot geht es vom Grundlsee an den geheimnisumwobenen *Toplitzsee* und weiter an den von mächtigen Gebirgswänden umschlossenen *Kammersee.* Die Tour startet an der Anlegestelle Seeklause-Seehotel mit dem Schiff. 📖 *L–M4*

GMUNDEN

(📖 *L2*) **Die lebhafte Stadt am Nordufer des Traunsees ist mit 13 200 Einwohnern die unbestrittene „Hauptstadt" am See.**

Wenn die „Gisela", der älteste Schaufelraddampfer der Welt, von der Esplanade ablegt und die Blautöne von See und Himmel ineinander übergehen, ist Sommerfrische von ihrer schönsten Seite angesagt *(Rundfahrten Juli/Aug.*

sonntags | 31 Euro | Tel. 07612 66700 | traunseeschifffahrt.at).
Im Zentrum Gmundens befindet sich der *Kammerhof*, einst Sitz des landesfürstlichen Salzamts. Eine 130 m lange Holzbrücke verbindet das *Seeschloss Ort* (bekannt aus der Fernsehserie „Schlosshotel Orth") mit dem Landschloss, in dem eine Forstschule untergebracht ist. *Gmunden* lässt sich auch gut mit der ehemals kleinsten Straßenbahn der Welt entdecken *(Abfahrt ca. alle 30 Min. | 2,40 Euro | gmundner-strassenbahn.at).*

SIGHTSEEING

KLO & SO – MUSEUM FÜR HISTORISCHE SANITÄROBJEKTE

Kein Scherz: Mit der Kulturgeschichte des WCs befasst sich dieses kleine, sehenswerte Museum. *Mi–So 10–15 Uhr | 6 Euro | Kammerhofgasse 8 | K-Hof | museum.gmunden.at |* ⏱ *15 Min.*

ESSEN & TRINKEN

GRELLINGER

Älteste Konditorei Gmundens, mit illustrem Gästebuch. Hier wird Gmundner Torte – aus Mürbteig, Nuss und Schokolade – serviert. *Do–Di 9–18 Uhr | Franz-Josef-Platz 6 | Tel. 07612 64153 | konditorei-grellinger.at | €*

RESTAURANT ORTHER STUB'N

Frische Fische aus dem Traunsee direkt am Wasser genießen – oder drinnen mit Schlossflair. *Mi–Sa 10–22 Uhr | Ort 1 | Tel. 0664 4643016 | schlossorth-gmunden.at | €€*

SHOPPEN

GMUNDNER KERAMIK-MANUFAKTUR

Wo seit 350 Jahren Keramik hergestellt wird, hat diese Manufaktur vor 100 Jahren ihren Betrieb aufgenommen. In den Werkstätten siehst du, wie das Dekor aufgetragen wird. Günstig ist Ware zweiter Wahl. *Mo–Fr 9–18, Sa 9–17 Uhr | Führungen (Mo–Fr 10.30 u. 13 Uhr) 9,50 Euro | Keramikstr. 24 | Tel. 07612 7860 | gmundner.at*

RUND UM GMUNDEN

 ALTMÜNSTER

3 km/6 Min. südwestl. von Gmunden (Auto)
Im ältesten Ort (9900 Ew.) am Traunsee haben sich einst schon die Römer angesiedelt. Heute wird hier Stand-

Mit der Feuerkogel-Seilbahn geht's hoch über Traunstein und See hinaus

up-Paddeln angeboten – und Wingsurfen, eine Kombination aus SUP, Surfen und Kiten *(Sport & Abenteuerschule | SUP-Verleih 1 Std. 12 Euro, Wingsurfen Einschulung 69 Euro für 1½ Std. | sport-abenteuer.at).*
In 850 m Höhe liegt der *Almgasthof Windlegern (Fr ab 17, Sa/So ab 11 Uhr | Kollmannsberg 122 | Neukirchen | 10 km/15 Min. ab Altmünster | Tel. 07617 28 44 | windlegern.at | €),* wo du Hausmannskost mit Produkten aus der eigenen Landwirtschaft serviert bekommst. Die Sicht auf den Traunstein ist überwältigend. ▭ *L2*

9 TRAUNKIRCHEN
11 km/14 Min. südl. von Gmunden (Auto)
Der Ort (1700 Ew.) liegt hübsch auf einer Halbinsel. Die Kirche *Mariä Krönung* (Mitte des 17. Jhs.) ist wegen der in Form eines Fischerboots gestalteten, reich verzierten *Fischerkanzel* ein Pilgerziel für Barockfans. Wassersportler zieht es zum großen Naturbadestrand oder zur Segel- und Tauchschule im Ort. ▭ *L2*

10 EBENSEE
16 km/20 Min. südl. von Gmunden (Auto)
Am Südufer des Traunsees wird das mit einer Soleleitung von Hallstatt herantransportierte Salz verarbeitet. Das *Museum Ebensee (Juni–Sept. Fr/Sa 14–18 Uhr, Gruppen nach Vereinb. | Eintritt 6 Euro | Kirchengasse 6 | museum ebensee.at)* zeigt u. a. Krippenbrauchtum, ein Unesco-Kulturerbe. Die dunkle Nazi-Zeit wird an der *Gedenkstätte* beim ehemaligen KZ thematisiert *(Mai–Mitte Juni u. Mitte–Ende Sept. Sa/So 10–17, Mitte Juni–Mitte Sept. Di–So 10–17 Uhr | Eintritt 6 Euro | Max-Zieger-Straße | memorial-ebensee.at).*
Der Ort ist Ausgangspunkt für Wanderungen um die Langbathseen (7 km von Ebensee). Die Windverhältnisse auf dem 1594 m hohen *Feuerkogel* ziehen Drachenflieger und Paraglider an. *ebensee.at |* ▭ *L2-3*

TENNENGAU & PONGAU

Das Bundesland Salzburg – ja, verwirrend: es heißt genauso wie die Stadt – ist in fünf Bezirke unterteilt, „Gaue" genannt. Tennengauer nennen ihren Gau gerne den „Supergau". Und liegen damit goldrichtig.

Der Tennengau steht für abwechslungsreiche Natur mit Klammen, Klettersteigen und Seen. Die Bezirkshauptstadt Hallein wird – als kleine Schwester Salzburgs – oft unter Wert verkauft. Weil auch Hallein in Zeiten der Kelten und später des Salzhandels ein wichtiger Player war, fin-

Es klappert die ... Alte Mühle in Golling

det man hier eine wunderschön erhaltene Saline, die sich einmal im Jahr in einen modernen Künstler-Thinktank *(schmiede.ca)* verwandelt. Südlicher passiert man mit dem Pass Lueg die inoffizielle Grenze zum „Innergebirg". Der Pongau ist bergiger als der Tennengau, zahlreiche Skipisten inklusive. Das Gasteiner Tal bietet sich für einen Trip in die Vergangenheit an. Berliner Hipster und schwedische Aussteiger geben den verfallenen K.-u.-k.-Häusern im Rahmen von Künstlerprogrammen etwas ihrer verlorenen Seelen zurück.

TENNENGAU & PONGAU

Hallein S. 86

1 Dürrnberg ★

3 Sankt Koloman

Strubau

2 Golling

A1

Scheffau am Tennengebirge

Königssee

Königsee

Obersee

Eisriesenwelt ★

Tenneck

Werfen S. 89

Werfenweng 7

Pfarrwerfen 4

Hohlwegen

Lenzing

Saalfelden am Steinernen Meer

Bischofshofen 5

Buchberg

Bsuch

Maria Alm am Steinernen Meer

Hinterthal

Mühlbach am Hochkönig

Gerling

Hintermoos

Dienten am Hochkönig

Sankt Johann S. 91

9 Sankt Veit

Schwarzach im Pongau

10 Goldegg

Zeller See

Lend

Egg

Schied

MARCO POLO HIGHLIGHTS

★ **DÜRRNBERG**
Große Vielfalt: 4000 Jahre Salzbergbau, Solekurort mit Ausblick, Keltendorf und Schaubergwerk ➤ S. 87

★ **EISRIESENWELT**
Die große Eishöhle bei Werfen zeigt sich als glitzernde Schönheit unter Tage ➤ S. 89

★ **BAD GASTEIN**
Aus der Zeit gefallen: Nach einigen Jahren Dornröschenschlaf entdecken Hipster den Ort in den Bergen für sich ➤ S. 94

Dorfgastein

Großarl

Luggau

Laderding

Hüttschlag

14 Bad Hofgastein

Lafen

Bad Gastein ★ S. 94

Badbruck

80 km, 1 Std.

36 km, 30 Min.

DEUTSCHLAND

Ausgezeichnete Speisen und Wein gibt's in Döllerers Genusswelten

HALLEIN

(🗺 G3) **Aufwachsen in Hallein (21 400 Ew.) bedeutet die ständige Präsenz von Salz, Kelten und dem Lied „Stille Nacht, heilige Nacht".** Trotz der Geschichtsträchtigkeit ist die Bezirkshauptstadt des Tennengaus ein Zentrum sozialen Lebens mit Kino, Bars, Restaurants, aber auch jungen Kulturinitiativen. Die Altstadthäuser, die von der Architektur zu Zeiten des Salzhandels geprägt sind, präsentieren sich im „Shabby Chic".

SIGHTSEEING

KELTENMUSEUM

Die Kultur der Kelten und ihr Einfluss auf den Salzbergbau am Dürrnberg werden mit Exponaten von europäischem Rang dargestellt. In dem ehemaligen Salinenverwaltungsgebäude von 1654 ist auch die historische Salzgewinnung veranschaulicht. *Tgl. 9–17 Uhr, Gruppen nach Anmeldung | Eintritt 8 Euro | Tel. 06245 8 07 83 | keltenmuseum.at | ⏱ 2 Std.*

ESSEN & TRINKEN

DIE GENUSSKRÄMEREI

Gemeinsames Projekt von Mutter und Sohn, lokal verwurzelte und trotzdem kreativ-urbane Küche im ältesten Gasthaus der Stadt. *Mi–Fr 12–23, Sa 9–23, Tapas- & Weinbar auch Di 11–18 Uhr | Gollinger Tor Gasse 1 | Tel. 0664 75 03 22 36 | genusskraemerei.at*

BRAUN CONFISERIE-PATISSERIE-CAFÉHAUS

Modernes Ambiente im alten Lebzelterhaus. Du bekommst feinste Patisserie und die besten Pralinen der Region. *So/Mo geschl. | Unterer Markt 8 | confiserie-braun.at*

PAN CAFÉ

Modernes, gemütliches Kaffeehaus mit Kaffee aus regionaler Röstung und veganen (Süß-)Speisen. *Fr, So–Di 9–17, Sa 9–14 Uhr | Metzgergasse 9 | pancafe.at*

SHOPPEN

BRENNEREI GUGLHOF

Eine der besten Schnapsbrennereien Salzburgs. Hinfahren, kosten, mitnehmen! Ein Geheimtipp: der Vogelbeerschnaps.

INSIDER-TIPP
Fruchtig bis süffig

Mo–Fr 8–12 u. 13.30–18, Sa 8–12 Uhr |
Davisstr. 13a | guglhof.at

CONCEPT BLUE

Ein Hauch Skandinavien in Hallein. Trendige Damenoutfits; freundliche Beratung. *Mo–Fr 9–18, Sa 9–13 Uhr | Ederstr. 1 | Facebook: conceptblue*

GRUNDTNER & SÖHNE

Grundtner & Söhne versorgt moderne Männer mit stilvollen Klamotten. Highlight: die Verkaufsfläche selbst – ein uraltes Halleiner Gewölbe. *Mo–Fr 10–13 u. 14–18, Sa 10–13 Uhr | Unterer Markt 15 | grundtnerund soehne.com*

AUSGEHEN & FEIERN

FREYSITZ

The place to be in Hallein. Schon seit Jahrzehnten trifft man sich am Abend in dieser Bar, die mit der Zeit geht. *Mi–Sa ab 18 Uhr | Matthias-Bayrhamer-Platz 10 | short.travel/sal6*

RUND UM HALLEIN

■ DÜRRNBERG ★

6 km/12 Min. südwestl. von Hallein (Auto)

Der Hausberg der Halleiner *(duerrn berg.at)* lädt zum Wandern, Rad- und Skifahren ein, im Sommer macht die Rodelbahn „Keltenblitz" der ganzen Familie Spaß. Die Besichtigung des stillgelegten 👥 *Salzbergwerks (tgl.,*

April–Okt. 9–17, Nov.–Mitte Jan. 10–15 Uhr | Eintritt inkl. Keltendorf 30, Kinder (4–15 J.) 15 Euro | nicht für Kinder unter 4 J. | salzwelten.at) ist Pflicht. Über lange Bergmannsrutschen gelangt ihr in die Stollen, unterirdisch geht's per Boot über den Salzsee. Wer online bucht, vermeidet Wartezeiten. Das rekonstruierte *Keltendorf (geöffnet wie Salzbergwerk)* zeigt, wie das Volk vor 2600 Jahren lebte. In der zugehörigen Schausaline könnt ihr den pyramidenförmigen Salzkristallen beim Wachsen und Werden zusehen, der Pfannmeister schöpft hier zarte Salzflocken zum exquisiten Spezialsalz. 🗺 *G4*

■ GOLLING

11 km/13 Min. südl. von Hallein (Auto)

Einheimische wissen: In Golling tanzt der Tennengau. Etliche Kulturveranstaltungen und die hochwertige Küche locken Genießer von überall an. Besonders beliebt sind die *Festspiele Burg Golling (festspielegolling.at)* und das Essen im mit einem Michelinstern und drei Hauben gekrönten Restaurant der *Döllerers Genusswelten (So/Mo geschl. | Markt 56 | Tel. 06244 4 22 00 | doellerer.at | €€€)*, zu denen auch Wirtshaus, Hotel, Enoteca und Metzgerei gehören.

Klar – denn wir sind immerhin im Salzburger Land –, dass es hier vor allem zwei malerische Naturschönheiten zu bestaunen gibt, die ganz einfach erreichbar sind *(jeweils ca. 10 Min. Fußweg vom ausgeschilderten, kostenpflichtigen Parkplatz)*: Zum einen das wunderschöne *Bluntautal*

(8 km | ⏱ 2½ Std.) mit tiefgrünen Seen, in denen sich die Bergwelt spiegelt und die du umrunden kannst. Zum zweiten der *Gollinger Wasserfall (Mai–Okt. | Eintritt 5 Euro),* der 76 m Höhe in zwei Fallstufen überwindet. 📖 *H4*

3 SANKT KOLOMAN

12 km/14 Min. südöstl. von Hallein (Auto)

Eines der schönsten Dörfer des Landes. Es hält sich auf dem Hochplateau über dem Salzachtal auf 850 m Höhe versteckt und ist Ausgangspunkt für Wanderungen ins Tauglgebiet. Besonderer Tipp: eine Wanderung um den Seewaldsee. 👉 Wer gut zu Fuß ist, parkt am etwas weiter entfernten Gratis-Parkplatz. 📖 *H4*

ABTENAU

(📖 J4) **Abtenau ist ein Tennengauer Ort, wie er typischer nicht sein könnte. Der Marktplatz ist der Treffpunkt der Einheimischen, hier wird eingekauft, werden Neuigkeiten ausgetauscht. Obwohl der Ort (5900 Ew.) etwas verschlafen daherkommt, fühlen sich in Abtenau durchaus auch junge Leute wohl.**

Kein Wunder, hier hat man alles, was man braucht: hohe Berge, enge Schluchten und vor allem reißende Wasser. Abtenau ist das Mekka für actionreichen Wildwassersport wie Canyoning, Rafting, Tubing oder Hydrospeed. Was um Himmels willen das alles ist? Kommen, ausprobieren und den Adrenalinspiegel steigen lassen! In der kalten Jahreszeit ist Abtenau ein idealer Ausgangspunkt für Schneefans: Gemeinsam mit seinen Nachbargemeinden bildet es die Ferienregion Dachstein-West, ein herrliches Skigebiet mit moderaten Ticketpreisen.

ESSEN & TRINKEN

ROCHERALM

Familiengeführte Alm, auf der du in himmlischer Bergkulisse leckeres Frühstück und herzhafte Schmankerl bekommst – du musst es dir bloß erwandern *(in 2½ Std. ab Ortszentrum über die Au-Forststraße).* Mitte Mai–Okt. Mo/Di bis 17 Uhr, Mi–So länger geöffnet | Wallingwinkel 25 | Tel. 06644 31 11 10 | €

SHOPPEN

Auch im ländlichen Abtenau finden sich hübsche Shops für Trendjäger. Das *Frauenzimmer (Markt 24 | frauenzimmer.co.at)* ist Concept Store, Trachten- und Modegeschäft mit schönem Design aus aller Welt – und Werken kreativer Salzburger. In der *Greisslerei Italy (Markt 181 | greisslereiitaly.strikingly.com)* gibt es Frisches aus Italien und Österreich, ökologisch korrekt unverpackt und aus Bioanbau, alles hübsch präsentiert in einem sympathischen Laden.

SPORT & SPASS

Der Berg ruft: Der *Karkogel (1187 m | karkogel.at)* bietet Möglichkeiten für

Eisiges Naturwunder in Werfen

Wanderungen, Downhill, Sommerrodeln und mehr.

Wildwasser in Klammen bezwingen, auf Wellen reiten und im nassen Element über deinen Schatten springen: Die Lammer und weitere Flüsse sind je nach Wasserstand für allerlei Herzklopfabenteuer bereit (*outdoor-unlimited.at, o-c-t.com*)

In der *Freizeitanlage am Harrbergsee (7 Euro | harrbergsee.at)* badest du vor gigantischer Bergkulisse.

WERFEN

(□ H5) **Tropfsteinhöhlen und eine der schönsten Burgen im Salzburger Land: Werfen lohnt definitiv einen Ausflug.**

Die Gemeinde (3000 Ew.) ist mit der S-Bahn von der Stadt Salzburg gut erreichbar.

SIGHTSEEING

EISRIESENWELT ⭐ 🚩

Mit Laterne und warmer Jacke geht es in eine faszinierende Höhle mit riesigen Eissäulen. Knapp über eine Stunde dauert die Reise ins ewige Eis. Komm bei Schlechtwetter besser vor 10 oder nach 14 Uhr, um die Besuchermassen zu umgehen; außerdem empfiehlt es sich, das Ticket vorher online zu kaufen. *Halbstündl. Führungen, tgl. Mai/Juni/Sept./Okt. 8.30–15, Juli/Aug. 8.30–16 Uhr, | Eintritt 33 Euro inkl. Bergbahn | eisriesenwelt.at |* 🕐 *1¼ Std.*

> **INSIDER-TIPP**
> **Der frühe Vogel wartet nicht**

ERLEBNISBURG HOHENWERFEN 🚩 👥

115 m über der Salzach thront auf einem Felskegel die Festung Hohenwerfen, wie Hohensalzburg im 11. Jh.

von Konrad I. erbaut. Highlight: die Greifvogelschau im Burghof. *April/Okt. Di–So 9.30–16 Uhr, Mai–Mitte Juli u. Mitte Aug.–Sept. tgl. 9–17, Mitte Juli–Mitte Aug. 9–18 Uhr | Onlineticket ab 10,40 Euro | salzburg-burgen.at | ⏱ 3 Std.*

ESSEN & TRINKEN

REITSAMERHOF

Etwas außerhalb gelegener Landgasthof mit bodenständiger Küche guter Qualität. *Mo/Di geschl. | Reitsam 22 | Tel. 06468 53 79 | reitsamerhof.at | €*

RUND UM WERFEN

❹ PFARRWERFEN

3 km/4 Min. südl. von Werfen (Auto)
Eine ehemalige römische Poststation, 1074 erstmals urkundlich erwähnt. Interessant sind die sieben unter Denkmalschutz stehenden *Mühlen (Mai–Okt. tgl. 8–19 Uhr, Juni–Sept. Fr 15–17 Uhr Mahlvorführungen | Eintritt 3,50 Euro | 7muehlen.at)* am Hang des Abergs. ⌁ H5

❺ BISCHOFSHOFEN

8 km/10 Min. südl. von Werfen (Auto)
Die älteste Siedlung des Pongaus (10 500 Ew.) ist Skisprungfans als Austragungsort des Finales der alljährlichen Vierschanzentournee bekannt. Die Schanze ist das Wahrzeichen der kleinen Stadt, und sie muss man gesehen haben – zwar ist sie

nicht zu besichtigen, aber allein im Auslauf wird klar, dass Skispringen nichts für schwache Nerven ist. Praktischerweise liegt die zweite Sehenswürdigkeit von Bischofshofen direkt am Schanzengelände: Im Besucherzentrum *Geopark Erz der Alpen (Mai–Okt. Do–So 10–16 Uhr | Eintritt 4,50 Euro | Rosenthal 41 | geopark-erzderalpen.at)* tauchst du ein in die Welt der bunten Erze rund um den (prä-)historischen Erzabbau, der die Gegend geprägt hat. ⌁ H6

❻ HÜTTAU

14 km/15 Min. südöstl. von Werfen (Auto)
Im *Schaubergwerk,* der historischen Kupferzeche Hüttau am Larzenbach, kannst du bei Führungen in die Unterwelt gehen *(Juli/Aug. tgl. 10–16, Anfang–Mitte Sept. tgl. 11 u. 14 Uhr, Juni u. Mitte Sept.–Mitte Mai nach Voranmeldung | 12 Euro, mit Museum 15 Euro | Sonnhalb 21 | kupferzeche.at | ⏱ 1 Std.).* Wer Lust auf mehr Gestein hat, steuert danach im Ortszentrum das historische *Gewerkenhaus* aus dem 16. Jh. an: Es beherbergt heute den reichen Mineralienschatz des *Erzmuseums (Juli–Mitte Sept. tgl. 11–16 Uhr | Eintritt 5 Euro | Hüttau 29 | ⏱ 30 Min.).* ⌁ J6.

❼ WERFENWENG

8 km/10 Min. östl. von Werfen (Auto)
Der sonnenverwöhnte Ferienort am Tennengebirge (1100 Ew.) hat sich dem Prinzip der sanften Mobilität verschrieben. Mit kleinen „Elois" (Elektromobil-Shuttles) werden die Sommer- und Wintergäste chauffiert, wohin

und so oft sie wollen *(werfenweng.eu)*. Im Winter kannst du hier mit Schneeschuhen wandern, Ski fahren und Skitouren unternehmen. 🗺 *H5*

SANKT JOHANN

(🗺 H6) **Im Pongau sind die Bergfexe zu Hause. Wer trotzdem nicht auf urbanes Leben verzichten möchte, findet es in der Bezirkshauptstadt Sankt Johann (11 300 Ew.).**
Hier herrscht Balance zwischen Tradition und Moderne: Urige Kaffeehäuser und altbekannte Gasthäuser finden sich neben einer Partymeile (Alpendorf), Kaufhäusern, Shops mit veganer Kleidung und vielen Möglichkeiten für Wellness, Sport und Outdoor.

SIGHTSEEING

LIECHTENSTEINKLAMM 🚩
Rechts und links hohe Felswände, dazwischen tosende Wasserfälle: Die Liechtensteinklamm ist eine der beeindruckendsten im ganzen Land. Der Wandersteig wurde kürzlich saniert – eine 30 m in die Tiefe führende Wendeltreppe aus Corten-Stahl unterstreicht nun die Dramatik der Klamm. *Tgl. April–Sept. 9–18, Okt. bis 16 Uhr | Eintritt 10 Euro | liechtensteinklamm.at*

ESSEN & TRINKEN

HAVANNAH
Zentral im Stadtgebiet von Sankt Johann gelegen, zaubert der Küchenchef mediterrane Genüsse für seine Gäste. Im Sommer mit Terrasse. *Di–So 17–2 Uhr | Hauptstr. 68–70 | Tel. 06412 78 83 | havannah.at | €–€€*

Sieben Mühlen bilden das Freilichtmuseum in Pfarrwerfen

Höher, schneller, weiter –
im Wintersportparadies Zauchensee

*So ab 11 Uhr | Alpendorf 12 | Tel.
06412 63 96 | oberforsthofalm.at*

RUND UM SANKT JOHANN

8 WAGRAIN

*8,5 km/10 Min. östl. von Sankt
Johann (Auto)*

Salzburger lieben den Wagrainer
Schriftsteller Karl Heinrich Waggerl. Im
*Waggerl-Haus (Mitte Mai–März Di, Do,
Fr 10–17 Uhr | 8 Euro | Karl-Heinrich-
Waggerl-Str. 1)* tauchst du in vergange-
ne Zeiten ein. Kletterspaß wiederum
gibt es im *Hochseilgarten (kletter-welt.
at)* in Kleinarl, etwas weiter hinten im
Tal. Wenn du noch ein Stückchen weiter fährst, kommst du zum Jäger- und
anschließend zum Tappenkarsee, bei-
de wunderschön gelegen. 🗺 H6

9 SANKT VEIT

*9 km/10 Min. südwestl. von Sankt
Johann (Auto)*

Wer Sonne mag, wird Sankt Veit lieben.
Der Ort in den Bergen wird nicht um-
sonst die Salzburger Sonnenterrasse
genannt. Außerdem ist Sankt Veit für
sein Heilklima bekannt. Hier besuchst
du das *Schaubergwerk Sunnpau (Mai–
Sept. Mi u. So 10–16 Uhr | Eintritt
12 Euro | museumsverein-stveit.com)*,
eines der ältesten Bergwerke Salzburgs. Feines und kreativ serviertes Essen auf Haubenniveau gibt es bei *Vitus
Cooking (Do–Mo ab 18 Uhr | Tisch reser-*

SHOPPEN

Einkaufsmeile ist die Hauptstraße. Raf-
finierte Schokolade der *Confiserie Ber-
ger* (s. S. 110) gibt's in der Nr. 29. Unbedingt auch einen Blick in den nahe
gelegenen *Adelsberger (Mo–Fr 9–18,
Sa 10–17 Uhr | Hauptstr. 20 | adelsber
ger.at)* werfen: Von Skandi-Mode bis
hin zu nachhaltigen Klamotten gibt es
hier für jeden Geschmack etwas.

AUSGEHEN & FEIERN

OBERFORSTHOFALM

Bei Partyabenden mit Livemusik
trifft man schon mal Ralf Schuma-
cher oder DJ Ötzi. *Mo–Fr ab 15, Sa/*

vieren! | Kirchweg 2 | Tel. 06415 43 23 | verwoehnhotel.at | €€€) | 🕮 G–H6

🔟 GOLDEGG

13 km/18 Min. südwestl. von Sankt Johann (Auto)

Goldrichtig für Kreative: Künstlertreffpunkte sind in Goldegg das Schloss *(schlossgoldegg.at)* mit vielen Kursangeboten und der berühmte *Seehof (Hofmark 8 | derseehof.at).*

Outdoorfans zieht es zum *Moorbadesee* mit nostalgischer *Badeanstalt (Mitte Mai–Ende Sept. 7.45–18 Uhr | Eintritt 5 Euro | Hofmark 9)* und auf die zahlreichen Wanderwege *(goldegg amsee.at).* 🕮 G–H6

ALTENMARKT– ZAUCHENSEE

(🕮 J6) **In Altenmarkt-Zauchensee (4500 Ew.) kennt man den Ausdruck „Après-Ski" nicht nur vom Hörensagen. Im Austragungsort zahlreicher Skiweltcup-Rennen geht es sowohl sportlich als auch partymäßig richtig zur Sache.**

Wen wundert's? Die Landschaft bietet jedem etwas: Langläufern, Skifahrern und Snowboardern. Die *Skiarena Sportwelt Amadé* ist wegen ihrer Größe und Pistenvielfalt beliebt. Auch im Sommer wird es hier nicht langweilig: Höhlentrekking, Mountainskyven (mit einem faltbaren Mountainbike aufsteigen und dann damit abfahren), Tandemparagleiten, Canyoning oder Skiken (Skaten auf geländegängigen

Rollen) sind im Angebot, *Infos beim Tourismusverband Altenmarkt-Zauchensee (Sportplatzstr. 6 | Tel. 06452 55 11 | altenmarkt-zauchensee.at).*

HOAGASCHT

Im gemütlichen alten Kuhstall erlebt man echte *Hoagascht*: gemütliches Zusammensein bei gutem Essen, Slow Food auf Salzburgerisch also. Spannend ist der Mix aus Pongauer und asiatischer Küche. *Fr–Di 11.30–14 u. 17–24 Uhr | Flachau 14 | Tel. 06457 3 24 90 | hoagascht.at | €€*

PAULAREI

Köstlich und ehrlich nennt sich die Paularei selbst. Vor allem aber ist sie ziemlich cool – ihre Spezialität sind Burger in allen Variationen. Highlight an den Wänden sind die Kunstwerke des Salzburger Street-Art-Paars JANA & JS. *Di–So 11.30–1 Uhr | Flachauerstr. 353 | Tel. 06457 2 20 58 04 | paularei.at | €€*

INSIDER-TIPP
Street-Art zum Steak

RUND UM ALTENMARKT

🔟🔟 RADSTADT

4 km/4 Min. nördl. von Altenmarkt (Auto)

Nur knapp 5000 Einwohner leben in Radstadt, und trotzdem hat der Ort jede Menge zu erzählen. Von den Bauernaufständen im 16. Jh. sind

Stadtmauern und Wassergraben übrig. Herzhaftes Essen gibt's im *Stegerbräu (Mi–Mo 11–21.30 Uhr | Tel. 06452 43 13 | stegerbraeu.at | €–€€).* 📖 *J6*

🄓 FILZMOOS

17 km/18 Min. nordöstl. von Altenmarkt (Auto)

Der Ferien- und Skiort (1500 Ew.) am Fuß der Bischofsmütze ist auf Familien ausgerichtet. Ausritte auf Haflingern und Friesen, Klettern, Kindergipfelwandern oder Waldwissen gehören hier zum Wochenprogramm *(erlebniskids. at)*. Im Januar lädt man anlässlich der Heißluftballonwoche internationale Piloten zum Wettkampf – und Abenteuerlustige zur Passagierfahrt *(bal lonfahren-filzmoos.com).* 📖 *K5*

> **INSIDER-TIPP**
> **Aufstieg mit heißer Luft**

🄔 OBERTAUERN

15 km/22 Min. südl. von Altenmarkt (Auto)

Das lang gezogene Straßen-(Hotel-)Dorf, das südlich von Altenmarkt auf der Passhöhe (1739 m) der Radstädter Tauern liegt, verwandelt sich im Winter in eine Skimetropole *(obertauern. com)* mit sicherer Schneelage. 📖 *K7*

BAD GASTEIN

(📖 H8) **In ⭐ Bad Gastein (4000 Ew.) fühlt man sich wie in einem Wes-Anderson-Film. Teilweise verfallene Villen stehen neben hippen schwedischen Cafés – und mitten im Ort rauscht ein imposanter Wasserfall.**

Vieles erinnert an die ruhmreichen Zeiten, als der Ort ein Muss für kaiserliche Kurgäste war. Nach langem Dornröschenschlaf wacht Bad Gastein nun wieder auf – mit einem *Flying Fox* übers Tal, als Herberge für internationale Künstler, die zur *sommer.frische.kunst (som merfrischekunst.de)* anreisen, und als Zufluchtsort schwedischer und Berliner Hipster, die um die Kraft des Tals wissen. Auch zur Kur kommt man immer noch hierher: Thermen laden zur Entspannung und Genesung ein.

ESSEN & TRINKEN

DAS REGINA

Trendy – im Hotel Regina trifft sich die Kreativszene. Tagsüber an der Bar italienischen Kaffee schlürfen, abends auf Kissen vorm Kaminfeuer philosophieren. Satt wirst du bei raffinierter Hausmannskost. *Restaurant tgl. ab 19 Uhr | Karl-Heinrich-Waggerl-Str. 5 | Tel. 06434 2 16 10 | dasregina.com | €€*

GINGER N' GIN

Hier gibt es eine durchaus beeindruckende Gin-Auswahl, Asia-Fusion-Food und dazu den Charme der Kaiserzeit. *Tgl. ab 18 Uhr | Kaiser-Franz-Joseph-Str. 14 | Tel. 0650 5 23 55 57 | europe-gastein.at | €€*

> **INSIDER-TIPP**
> **Da muss mar Gin!**

GRAUKOGELALM

Urige Alm an der Mittelstation des Bad Gasteiner Hausbergs. Traditionelle Wirtshauskultur auf 1474 m Seehöhe. *Mitte Mai–Anfang Okt. u. Weihnachten–Ostern tgl. 10–17 Uhr |*

Graukogel 5 | Tel. 06434 2 07 89 | graukogelalm.at | €–€€

ALPENHAUS PROSSAU

Das herzhafte Essen musst du dir erst verdienen: Zu Fuß dauert die Anreise rund 1½ Stunden, die beeindruckende Landschaft im Nationalpark Hohe Tauern ist dabei dein Begleiter. Du kannst auch das Rad nehmen oder dir ganz bequem eine Pferdekutsche buchen. Einkehr im Gastgarten mit Wasserfallblick. *Sommer 10–17, Winter 11–17 Uhr | Kötschachtal | Tel. 0664 2 31 72 82 | alpenhaus-prossau.at | €€*

SPORT & SPASS

Das Gasteiner Tal ist ideal zum Paragleiten und Drachenfliegen. Bike- und Wanderrouten, Infos zu Pisten, Seilbahnen, Skiliften: *skigastein.com*. Eine *Zipline (Kaiser-Franz-Josef-Str. 16 | 20 Euro | Tel. 0676 5 44 11 29 | flying-watersbad-gastein.business.site)* bringt Abenteurer in Bad Gastein von einer Seite des Tals auf die andere – mit Ausblick auf den Wasserfall. Wintersportlern werden u. a. mit der neuen *Schlossalmbahn* beste Bedingungen geboten.

RUND UM BAD GASTEIN

14 BAD HOFGASTEIN
9 km/12 Min. nördl. von Bad Gastein (Auto)
Das Gasteinertal setzt sich aus drei Orten zusammen: Bad Gastein, Dorf-

gastein und Bad Hofgastein. Letzteres ist mit knapp 6800 Einwohnern ein lebendiger Kurort, der auch für junge Leute jede Menge zu bieten hat. Etwa die 👥 👕 *Alpentherme (tgl. ab 9 Uhr | Eintritt ab 32,50, Kinder 19,50 Euro | Sen.-W.-Wilflingplatz 1 | alpentherme.com)* – herrlicher, nasser Spielplatz und Wellnessoase für die Erwachsenen in einem.

Eine Gondelfahrt wert ist mittwochs das *Gipfelfrühstück (Preis pro Person 52 Euro | Anmeldung bis Di 16 Uhr unter Tel. 06432 3 39 35 60)* oben am Kreuzkogel – dem höchsten Gipfel der Umgebung: In einer Glaskuppel wird ein herrlicher Brunch serviert, den du bei atemberaubender Aussicht genießt. ▥ G7

INSIDER-TIPP
Kaffee heiß, draußen Eis

Bad Gastein zieht Touristen, Hipster und Künstler an

LUNGAU

URLAUB, DER ECHT IST

In den Lungau, sagt man, hat sich die Sonne verliebt. Vielleicht gefällt ihr die Urigkeit dieser Region. Hier erlebst du das Salzburger Land von seiner echtesten Seite – bei einem Urlaub, der dich erdet.

Vor der Anbindung an die Tauernautobahn war man hier praktisch vom Rest der Welt abgeschnitten. Noch heute fällt auf: Im Lungau gibt es keine Ampeln und keine Leuchtreklamen entlang der Straßen, auch Handyempfang ist nicht überall Standard. Natürlich bedeutet

Von Bergen umrahmt: der Schlierersee im Lungau

diese Option zum Digital Detox nicht den Verzicht auf Genuss. Einige Hotels haben sich auf Wellness spezialisiert – beste Kulinarik aus regionalem Anbau inklusive. Dabei vergessen die Lungauer nicht das Einfache: Die bloggende Bäuerin Christina Bauer *(backenmit christina.at)* etwa zeigt, wie simpel man gesunde Wecken, Semmeln und Schwarzbrot herstellt. Und der Fluss Longa ist nicht nur wunderschön, sondern auch ein Mekka für Fliegenfischer – wer's noch nicht probiert hat, kann es hier lernen.

LUNGAU

Obertauern

Tauerntunnel

Tweng

Wald

5 Denkmalhof Maurergut

23 km, 20 Min.

Bruckdorf

4 Naturpark Riedingtal

Zederhaus

A10

Hintermuhr

Rotgülden

Jedl

Oberweißburg

Unterer
Rotgülden-See

Muhr

Unterweißburg

Mur

Katschberg-
tunnel

Katschberg

MARCO POLO HIGHLIGHTS

A10

⭐ **BURG MAUTERNDORF**
Unter dem Motto „Lust auf Mittelalter"
geht es in der Burg auf Zeitreise
➤ S. 100

Gries

Sankt Georgen

⭐ **STOLLENLEHRPFAD**
In dem alten Bergwerk bei Ramingstein
erlebst du, wie die Bergleute im
Mittelalter schuften mussten ➤ S. 105

Rennweg am Katschberg

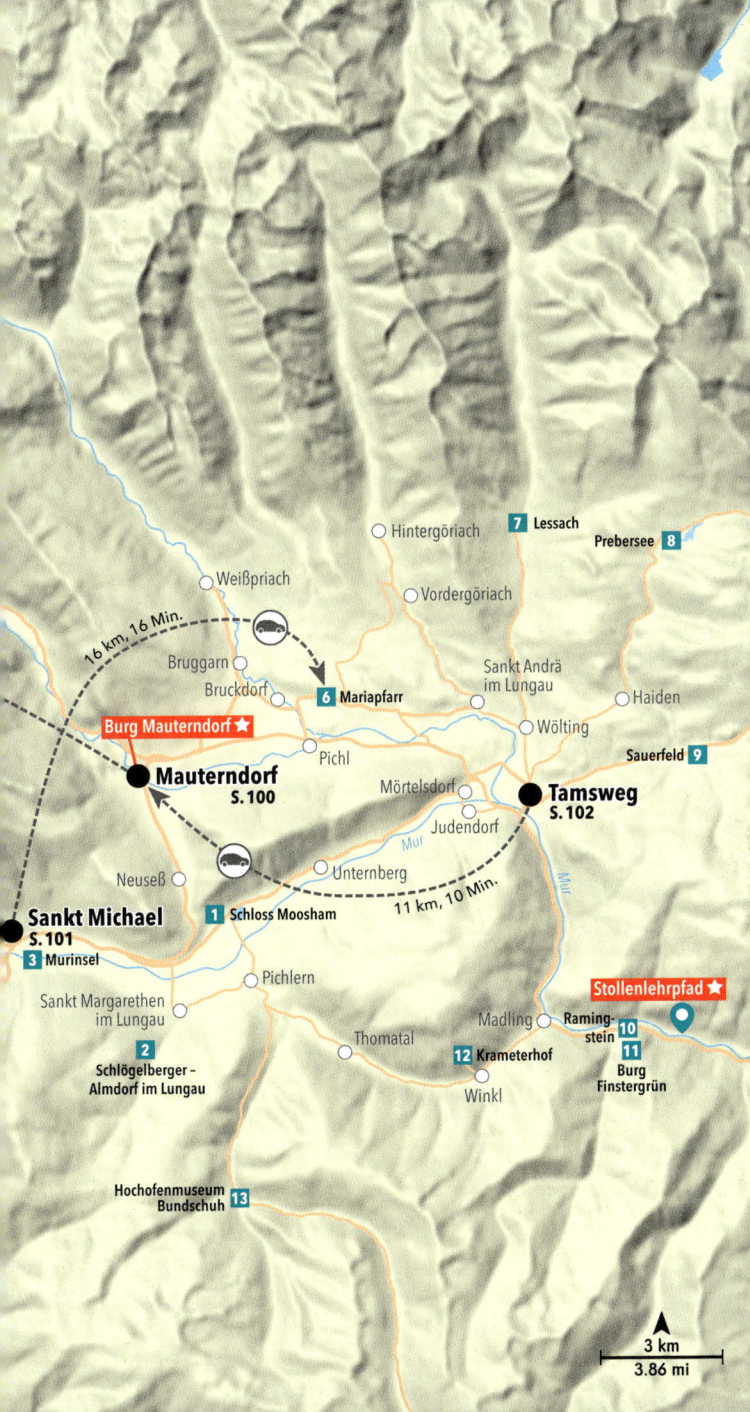

Hintergöriach

7 Lessach

Prebersee **8**

Weißpriach

Vordergöriach

16 km, 16 Min.

Bruggarn

Bruckdorf

6 Mariapfarr

Sankt Andrä
im Lungau

Haiden

Burg Mauterndorf ★

Pichl

Wölting

Sauerfeld **9**

Mauterndorf
S. 100

Mörtelsdorf

Judendorf

Mur

Tamsweg
S. 102

Neuseß

Unternberg

11 km, 10 Min.

Mur

Sankt Michael
S. 101

1 Schloss Moosham

3 Murinsel

Pichlern

Stollenlehrpfad ★

Sankt Margarethen
im Lungau

Madling

Raming-
stein **10**

2
Schlögelberger –
Almdorf im Lungau

Thomatal

12 Krameterhof

11
Burg
Finstergrün

Winkl

13 Hochofenmuseum
Bundschuh

N

3 km

3.86 mi

Burg Mauterndorf:
früher Mautstelle, heute Erlebnisburg

MAUTERN-DORF

(🗺 L8) **Aus der ältesten urkundlich erwähnten Mautstelle der Ostalpen hat sich Mauterndorf entwickelt. Mit seinen einzigartigen Giebelhäusern und der Römerstraße hat der Ort (1600 Ew.) seinen ganz eigenen Charme.**

In Mauterndorf, aber auch in Tamsweg, Mariapfarr, Sankt Michael und anderen Orten des Lungaus finden *Samsonumzüge* statt. Dabei wird die Figur des biblischen Riesen Samson, von großköpfigen Zwergen begleitet, mit Musik und Tanz durch den Ort getragen. Was früher Teil der Fronleichnamsprozession war, ist heute eine Attraktion bei Sommerfesten.

SIGHTSEEING

BURG MAUTERNDORF ★ ⚑ 👥

Die von Grund auf renovierte Burg war ehemals eine Mautstation und Sommerresidenz der Salzburger Fürsterzbischöfe und ist heute vor allem für die kleinen Besucher ein Erlebnis. Aber auch für Erwachsene hält die Burg jede Menge Wissenswertes bereit: Wo wurde das Getreide gelagert? Was hat es mit dem Keutschachzimmer auf sich? Und woher kommt der Name Mauterndorf? *Jan./März Di, Do, Feb. Mo–Fr, Ostern tgl., Mai/Juni u. Sept./Okt. tgl. 10–18, Juli/Aug. tgl. 9.30–18.30 Uhr | Eintritt mit Onlineticket ab 7,50 Euro im Winter, 12 Euro im Sommer, Kinder (6–15 J.) ab 5/7,50 Euro | Tel. 06472 74 26 | burg-mauterndorf.at |* ⏱ *2 Std.*

ESSEN & TRINKEN

STEFFNER-WALLNER

Auf der Speisekarte stehen Hausmannskost und Bachforellen. *Tgl. | Markt 90 | Tel. 06472 72 14 | steffner-wallner.at | €€*

MESNERHAUS

Das Gute lassen, das Abgewetzte ersetzen – hier weht ein frischer Wind. Im Gourmetrestaurant wird ambitionierte, kreative Küche serviert. Unbedingt reservieren! *Mo/Di geschl. |*

Markt 56 | Tel. 06472 75 95 | mesner haus.at | €€€

SHOPPEN

TRAUSNERS GENUSSWERKSTATT

Die Natur ist der Lieferant für die Köstlichkeiten, etwa Marmeladen oder Fruchtgeleewürfel, die du bei Walter und Eva Trausner erstehen kannst. *Mo–Fr 9–12 u. 14–17 Uhr | Steindorf 65 | genusswerkstatt.com*

RUND UM MAUTERNDORF

🔟 SCHLOSS MOOSHAM ☂

10 km/9 Min. südl. von Mauterndorf (Auto)

Das Schloss (13. Jh.) südlich von Mauterndorf war oft Filmkulisse (z. B. für „Das Vermächtnis der Wanderhure"). Zu sehen sind u. a. eine Folterkammer und eine Wagenburg. Besichtigungen sind nur im Rahmen einer Führung *(Uhrzeiten s. Website)* möglich. *Mo geschl., Nov.–15. Dez. geschl. | Eintritt 12 Euro | schlossmoosham.at | ⏱ 1 Std. | 🗺 L8*

2️⃣ SCHLÖGELBERGER – ALMDORF IM LUNGAU

11 km/13 Min. südl. von Mauterndorf (Auto)

Auf 1300 m Seehöhe findest du einen Gasthof und sieben voll ausgestattete Holzblockhütten – ideal als Ausgangs-

punkt für Wanderungen und Mountainbiketouren. 👁 Toll ist der rund 10 ha große und kostenlos zugängliche *Wildpark, mit Hochlandrindern, Ziegen, Hasen und sogar Alpakas. Schlögelberger 4 | Sankt Margarethen im Lungau | Tel. 06476 3 13 | almdorf-lungau.at | 🗺 L8*

INSIDER-TIPP
Streicheln erlaubt!

SANKT MICHAEL

(🗺 K8) **Am Fuß des Katschbergs liegt Michö, wie die Lungauer es nennen.**

Sankt Michael (3500 Ew.) ist sommers wie winters ein idealer Ferienort zum Radeln und Wandern, zum Skilaufen auf Loipen und Pisten. Kunsthistorisch interessant sind die im Mittelalter mehrmals umgebaute *Pfarrkirche* sowie die *Filialkirchen Sankt Ägydius und Sankt Martin* mit romanischen Fresken.

ESSEN & TRINKEN

METZGERSTUB'N

Gute, bodenständige Küche zu reellen Preisen, Talstation des Speierecklifts, Sonnenterrasse. *Mo geschl. | Meixnergasse 30 | Tel. 06477 81 10 | metzger stubn.com | €*

SPORT & SPASS

Mit Sesselbahnen geht es von der *Katschberg-Passhöhe* aufs *Aineck* und aufs *Speiereck*. E-Bike-Touren kannst du mit *Sport Rest (Poststr. 408 | Tel. 06472 2 00 44 40 | sport-rest.com)* machen. Abwechslung bringt auch der *Golfclub St. Michael (Feldnergasse 165 | Tel. 06477 74 48 | golfclub-lungau.com)*. Du suchst das Glück der Erde auf dem Rücken der Pferde? Reitstunden und Wanderreiten bietet das *Alpine Pferdezentrum (Katschberghöhe 421 | Tel. 0664 2 84 45 83 | pferdezentrum-katschberg.at)*.

RUND UM SANKT MICHAEL

3 MURINSEL

1 km/4 Min. von Sankt Michael (Fahrrad)

Im Erholungsgebiet im Fluss Mur lässt es sich herrlich baden, picknicken, inlineskaten, Rad fahren und wandern. An der Insel vorbei führt der 475 km lange Murradweg, der im Lungau startet und bis nach Kroatien führt. 🗺 *K8*

4 NATURPARK RIEDINGTAL

13 km/14 Min. nordwestl. von Sankt Michael (Auto)

Im Naturpark am Ende des Zederhaustals lernst du auf Themenwegen die Lungauer Fauna und Flora kennen. **Mit den *Tälerbussen* können auch Menschen, die nicht so gut zu Fuß sind, die autofreie Idylle genießen** (taelerbus.at). *naturpark-riedingtal.at | 🗺 K8*

INSIDER-TIPP
Bequeme Alternative

5 DENKMALHOF MAURERGUT

16 km/20 Min. nordwestl. von Sankt Michael (Auto)

Der typische Lungauer Einhof in Zederhaus wurde von 1509 bis 1978 durchgehend bewirtschaftet. Zu sehen sind u. a. eine Mühle mit Leinstampf und ein *Troadkastn* für die Aufbewahrung der Vorräte. *Juni–Sept. Mi/So 14–17 Uhr | Eintritt 3 Euro | denkmalhof-maurergut.at | 🗺 K8*

TAMSWEG

(🗺 L8) **Am Zusammenfluss von Mur, Taurach und Laßnitzbach liegt die Bezirkshauptstadt Tamsweg mit knapp 5700 Einwohnern.**

Auf dem Marktplatz, der von gediegenen Bürgerhäusern samt dem historischen Rathaus gesäumt ist, ist für Lungauer Verhältnisse viel los. Ende August wird am Marktplatz der *Lungauer Bauernherbst* eröffnet, eine bunte Veranstaltungsreihe zwischen Erntedank und Sternegucken, die bis in den November hinein läuft.

SIGHTSEEING

SANKT LEONHARD

Im Mittelalter war Sankt Leonhard eine der meistbesuchten Wallfahrtskirchen des Landes. Eindrucksvoll sind die aus der Zeit des Kriegs zwischen Friedrich II. und dem Salzburger Fürsterzbischof stammende Befestigungsmauer (1473) sowie die goldgelb und blau verglasten Fenster.

Erzählen Geschichten: die kunstvollen Fenster der Kirche Sankt Leonhard

ESSEN & TRINKEN

GOLDBRÜNDL

Das Wirtshaus ist ein beliebter Treffpunkt der Einheimischen. *Di–So ab 10 Uhr | Murgasse 19 | Tel. 0664 2 30 35 83 | Facebook | €*

SPORT & SPASS

INSIDER-TIPP
Pack die Radlerhose ein!

Tamsweg ist Ausgangspunkt für eine der schönsten Biketouren des Landes: die *Preberrunde*. Die 41 km lange Strecke überwindet 1400 Höhenmeter und führt an den Prebersee und nach Lessach; Infos unter *lungau.at,* dort Mountainbiketour Nr. 14. Die gesamte Region Lungau wurde von der Unesco als Modellregion für nachhaltige Entwicklung anerkannt. Biosphären-Fexe oder Landschaftsver-

mittler führen Interessierte unter dem Gesichtspunkt der Nachhaltigkeit durch die Natur *(biosphaerenpark.eu).*

RUND UM TAMSWEG

6 MARIAPFARR

6,5 km / 10 Min. nordwestl. von Tamsweg (Auto)

Zum neue Kraft Tanken eignet sich der heilklimatische Kurort (2400 Ew.) allein schon wegen seiner Lage auf 1120 m. Dazu ist er einer der sonnenreichsten Orte Österreichs (und im Winter verlässlich Kältepol). 4,5 km entfernt, im nördlich gelegenen *Göriachtal*, finden sich typische Lungauer Almen.

Ergänzend zur Erholung, die Sonne und Höhenlage bieten, genießt du im

Vital- und Wellnesscenter Samsunn (Mo–Sa 15–21 Uhr | Eintritt 17 Euro | samsunn.at) wohltuende Wärme. Es gibt einen modernen und umfangreichen Spabereich mit verschiedenen Saunen und Dampfbädern.

Gut und gesund isst du im À-la-carte-Restaurant des Hotels Örglwirt (Di–So 11.30–13.15 u. 17.30–20.30 Uhr | Pfarrstr. 18 | Tel. 06473 82 07 | oerglwirt.com | €–€€).

INSIDER-TIPP
Das gute Gewissen isst mit

Das Lokal tischt vegane und vegetarische Vollwertküche mit Produkten aus dem eigenen Garten sowie von regionalen Lieferanten auf. Im 🎭 Outdoor- & Waterparc Lungau (short.travel/sal10) hat die ganze Familie Spaß und Action mit Flying Fox und Kletterpyramide, im Kajak oder beim „Blobbing" auf der Schleuderrampe. ⌖ L8

🔟 LESSACH

7 km/9 Min. nördl. von Tamsweg (Auto)

Mit etwas mehr als 500 Ew. ist Lessach eines der kleinsten und höchstgelegenen Bergbauerndörfer des Landes. Auf dem einmaligen Friedhof sind alle Gräber mit Sarchen (schwarzen Brettern) eingefasst und mit einfachen Kreuzen geschmückt. Damit wird sinnbildlich zum Ausdruck gebracht, dass der Tod weder nach Rang noch nach Namen unterscheidet. ⌖ L7

🔟 PREBERSEE

9 km/11 Min. nordöstl. von Tamsweg (Auto)

Das gibt es nur im Lungau: Das Wasser des Prebersees hat eine einzigarti-

ge Oberflächenspannung, die Objekte abprallen lässt. Auf dieser Eigenschaft basiert das traditionelle

INSIDER-TIPP
Knick in der Linse

Preberschießen: Zielscheiben sind über dem Wasser angebracht. Der Schütze visiert die Spiegelbilder, das Geschoss prallt am Wasser ab und trifft – vielleicht. Dieses Phänomen begeistert auch internationale Gäste, und viele, darunter Walt Disney – so erzählt man es sich zumindest im Lungau –, haben versucht, auf anderen Seen das Schießen zu kopieren. Ohne Erfolg. Der alpine Moorsee ist aber auch ein Naturjuwel, das du ganz bequem auf dem Lehrpfad umrunden kannst (⏱ 45 Min.). Wenn du mehr Höhenmeter und eine längere Distanz nicht scheust, steig auf zum 2740 m hohen Prebergipfel, der eine großartige Rundum-Aussicht bietet (1200 Höhenmeter | ⏱ 5 Std.). ⌖ L–M7

🔟 SAUERFELD

4 km/5 Min. östl. von Tamsweg (Auto)

Der kleine Ort hat eine lange Webtradition. So besteht die Handweberei Pirkner (Führung nach Anmeldung bei Rosalinde Küstner | Tel. 0676 3 70 30 86), als Sauerfelder Weberei bekannt, bereits seit mehr als 600 Jahren. Neben Möbelstoffen werden vor allem Bauernleinen und Bauernraß (ein Wolle-Leinen-Gemisch) hergestellt. ⌖ M8

🔟 RAMINGSTEIN

8 km/9 Min. südöstl. von Tamsweg (Auto)

Wo vom 15. bis 18. Jh. Silber abgebaut wurde, kann man heute auf einem 900 m langen ⭐ *Stollenlehrpfad (Führungen Mai–Okt. nach Anmeldung | Eintritt 14, Kinder 9 Euro (für Kinder ab 4 J. geeignet) | Tel. 06474 22 96 | silberbergwerk.net)* den mittelalterlichen Bergbau kennenlernen. Besucher erhalten Schutzjacke, Helm und Karbidlampe. Festes Schuhwerk und strapazierfähige Kleidung sind notwendig. Zum Essen geht's ins *Dorfwirt Bräu (Mo geschl. | Kirchtratten 70 | Tel. 06475 3 03 | Facebook | €).* 📖 *L8*

🈀 BURG FINSTERGRÜN

9,5 km/12 Min. südöstl. von Tamsweg (Auto)

Imposant steht die Burgruine bei Ramingstein auf 950 m Höhe über der Mur, imposant ist auch der Blick über das Tal. Zu Beginn des 20. Jhs. wurde neben der Ruine eine Burg im mittelalterlichen Stil gebaut. Ein edles Hotel war in den 1920er- und 1930er-Jahren dort, wo heute die Evangelische Jugend ein Kinder- und Jugendfreizeitheim betreibt (Übernachtung für jedermann). „Finsterling" heißt der Burggeist, der durch die Räume spuken soll. *Führungen Mai–Okt. Di–So 14 Uhr u. nach Anmeldung | Kosten 10 Euro | burg-finstergruen.at |* 📖 *L8*

🈁 KRAMETERHOF

10 km/15 Min. südöstl. von Tamsweg (Auto)

Auf dem auf 1500 m Höhe gelegenen Einödhof wurde vom Visionär Sepp Holzer die bislang einzige funktionierende Permakultur Europas aufgebaut. Hier wird nach der Philosophie gearbeitet, die Natur zu begreifen und nicht zu bekämpfen: *Permanent Agri-*

culture steht für das harmonische Zusammenleben von Bauer, Pflanzen und Tieren. Neben Fichten und Legföhren wachsen Kirsch-, Marillen- und sogar Zitronen- und Kiwibäumchen. *Keusching 13 | Ramingstein | Seminarangebote, Anmeldung über die Homepage | krameterhof.at |* 📖 *L8*

🈲 HOCHOFENMUSEUM BUNDSCHUH

17 km/20 Min. südwestl. von Tamsweg (Auto)

Das Industriedenkmal ist eine Eisenschmelzanlage aus dem Jahr 1867. Bis 1903 lag im Thomatal das größte Bergbaugebiet des Landes. *Mai–Sept. Mo–Fr 10–16, So 15–18 Uhr | Schauschmieden Mo 11–12 Uhr | Eintritt 8 Euro | Bundschuh 17 | hochofen-bundschuh.at |* ⏱ *1½ Std. |* 📖 *L8*

Hochmoor am Prebersee

PINZGAU

URIG STATT URBAN

Der Pinzgau bietet mit seinen Dreitausendern, Gletschern, Grasbergen, tiefen Tälern und klaren Gebirgsbächen landschaftliche Höhepunkte. Möglichkeiten für sportliche Aktivitäten sind hier ebenso zahlreich wie Naturerlebnisse.

Das Leben im größten Bezirk des Salzburger Landes ist von den Bergen geprägt, Kultur- und Naturlandschaft ergänzen sich in vorbildlicher Weise, und alte Traditionen treffen auf moderne Zeiten. Du musst dich nur entscheiden: Wandern im Nationalpark

Ob die Murmeltiere der Hohen Tauern wetterfühlig wie ihre Kollegen in den USA sind?

Hohe Tauern, Mountainbiken zu den Almen, Bergsteigen auf einen Dreitausender oder Geocaching. Wildwassersport auf der Saalach sorgt für Abenteuer – ruhigere Naturelle schwimmen im Zeller See. In Saalfelden–Leogang jagen junge Mountainbike-Fans waghalsig die Hänge hinunter, während Saalbach-Hinterglemm im Winter mit feinem Pulverschnee lockt. Wer gerne einfach nur staunt, erfreut sich an jeder Menge Naturschauspielen wie gewaltigen Wasserfällen oder imposanten Gletschern.

PINZGAU

Schwendt

Kohlental

Laufern

Waidring

Kufstein

A12

Erpfendorf

Gasteig

Kirchdorf in Tirol

St. Ulrich
am Pillersee

Schwoich

Hinterstein

Scheffau
am Wilden Kaiser

St. Johann
in Tirol

Söll

Ellmau

Going

Oberndorf in Tirol

St. Jakob
in Haus

Reith bei
Kitzbühel

Fieberbrunn

Kitzbühel

MARCO POLO HIGHLIGHTS

★ **GROSSGLOCKNER-HOCHALPENSTRASSE**
Das Straßenbauwerk führt (fast) auf
Österreichs höchsten Berg ➤ S. 115

★ **NATIONALPARKZENTRUM HOHE TAUERN**
Das Infozentrum inspiriert zu Touren in
die alpine Wunderwelt ➤ S. 117

★ **KRIMMLER WASSERFÄLLE**
Tosen, Toben, Rauschen, Dröhnen: Der
höchste Wasserfall Mitteleuropas ist ein
grandioses Naturschauspiel ➤ S. 119

Unteraurach
Oberaurach
Aurach bei Kitzbühel

Jochberg

Lengau

48 km/42 Min.

Mühlbach

Mittersill
S. 117

Pirtendorf

9

Bramberg
am Wildkogel

10 Hollersbach

Uttendorf

Nationalparkzentrum Hohe Tauern ★

11 Neukirchen
am Großvenediger

Wald
im Pinzgau

Rosental

ÖSTERREICH

12 Krimml

Krimmler Wasserfälle ★

Felbertauern-
tunnel

Außergschlöß

Innergschlöß

5 km
3.11 mi

ITALIA

Es war einmal ... die Seisenbachklamm sieht aus wie eine Märchenkulisse

LOFER

(□□ E4) **Lofer (2000 Ew.) ist von Wiesen und Bergen umgeben.**
Locals kommen wegen der vielen Klettersteige. Toller Ausflugstipp vor allem für Familien: das noch recht unbekannte Skigebiet *Almenwelt Lofer*.

ESSEN & TRINKEN

GRUBHOF
Das rustikale Wirtshaus mit gutbürgerlicher Küche liegt neben dem Campingplatz im 3 km entfernten Sankt Martin. *Mo, Mi–Sa ab 17, So 11–22 Uhr | Sankt Martin 39 | Tel. 06588 8 23 70 | grubhof.com | €*

SHOPPEN

BERGER FEINSTE CONFISERIE
Hier wird Verführung in Form von Pralinés, Trüffeln, Biovollkornkeksen geschaffen und verkauft. *So geschl. | Schokoladenweg 1 | confiserie-berger.at*

SPORT & SPASS

Wildwasserabenteuer auf der Saalach gefällig? Das *Base Camp (Hallenstein 25 | Tel. 06588 7 23 53 | base-camp.at)* hat die Touren dazu.

RUND UM LOFER

1 UNKEN
10 km/12 Min. nordöstl. von Lofer (Auto)
In der Umgebung des Orts (1900 Ew.) finden sich spektakuläre Schluchten wie die *Innersbach-* oder die *Schwarzbergklamm* – erstere ist durch einen Wander-, zweitere durch einen Mountainbikeweg erschlossen. Das *Heimatmuseum Kalchofengut (Mai–Okt. So 15–18 Uhr | Eintritt 5 Euro | kalchofengut.at)* zeigt bäuerliches Kulturgut und archäologische Funde. *□□ E4*

2 WEISSBACH BEI LOFER
10 km/9 Min. südl. von Lofer (Auto)
Das Tor zum *Naturpark Weißbach* ist die 400 m lange *Seisenbachklamm*. Sie ist auf einem Steig begehbar, der 1831 als Holztriftweg angelegt wurde. Die Tour ist als Erlebnisweg gestaltet,

im Sommer gibt's jeden Mittwoch eine abendliche Fackelwanderung mit Musik. Mehr Wandervorschläge auf *naturpark-weissbach.at.* 📖 *F5*

SAALFELDEN

(📖 *F5*) **Als Einkaufszentrum des Pinzgaus hat die junge Stadt Saalfelden (16 800 Ew.) ganzjährig Saison.** Zum Jazzfestival im Januar und Ende August genießen Musikfans hier feinste Töne in ungewöhnlichen Locations *(jazzsaalfelden.com).*

SIGHTSEEING

MUSEUM SCHLOSS RITZEN
Im Schloss Ritzen fasziniert neben dem Biberghirsch, einer keltischen Plastik aus dem 1. Jh. v. Chr., vor allem die Krippenschau. *11–17 Uhr, Jan.–März, Mai, Okt., Dez. Do–So, Juni–Sept. Di–So | Eintritt 6 Euro | museum-saalfelden.at |* ⏱ *2 Std.*

ESSEN & TRINKEN

BRANDLWIRT
Das ist Pinzgau-Flair: urig eingerichtetes Lokal mit typisch österreichischer Küche. *Mo/Di geschl. | Ritzenseestr. 1 | Tel. 06582 7 24 60 | brandlwirt.at | €€*

STADTCAFÉ SAALFELDEN
Bietet eine große Auswahl an Salaten und vor allem jede Menge Burger, auch vegan. *Do–Mo 11–24 Uhr | Lofererstr. 38 | Tel. 06582 2 04 62 | stadtcafesaalfelden.at | €*

SHOPPEN
Gute Schnäpse hat die Edelbrennerei von *Siegfried Herzog (So geschl. | Breitenbergham 5 | herzogdestillate. at).* Freitags ist Wochenmarkt am Rathausplatz *(8–12.30 Uhr).*

SPORT & SPASS
Von *Maria Alm* (5 km östlich) aus überqueren geübte Wanderer auf einer schönen, aber anstrengenden Tour in rund zehn Stunden den größten Gebirgsstock der Berchtesgadener Alpen und erreichen Bayern bei St. Bartholomä am Königssee. Am Samstag nach dem Bartholomäustag am 24. August wallfahren jedes Jahr etwa 2000 Menschen auf dieser Strecke wegen eines Gelöbnisses aus dem 17. Jh.: Pinzgauer, die die Pest überlebten, pilgerten zum Dank nach St. Bartholomä. *saalfelden-leogang.com*

AUSGEHEN & FEIERN
Im *Kunsthaus Nexus (Am Postplatz 1)* gibt's Musik, Kunst und eine coole Café-Bar. Die Saalfelder treffen sich gern im *Milwaukee (Loferer Str. 18).* Daneben locken Bars, Pubs und Tanzcafés.

MAMA THRESL
Das stylishe Hotel im nahen Leogang lockt auch Locals zum leckeren Abendessen. Besonders cool: die Kletterwand an der Hausmauer. *Sonnberg 252 | Tel. 06583 2 08 00 | mama-thresl.com | €€–€€€*

RUND UM SAALFELDEN

3 LEOGANG

7 km/7 Min. westl. von Saalfelden (Auto)

Wo man früher im Bergwerk schuftete, liegt der Erholungs- und Spaßfaktor heute weit über dem Durchschnitt des Landes. Die Gemeinde mit 3400 Ew. umfasst viele kleine Orte, die Umgebung ist ideal zum Wandern, Radfahren und Mountainbiken *(bikepark-leogang. com)*. *Bergbaumuseum (museum-leo gang.at)* und *Schaubergwerk (Mai, Okt. Mi–So, Juli–Sept. Di–So 10–17 Uhr | Eintritt 12 Euro | schaubergwerk-leogang. com | ⏱ 1 Std.)* geben Einblicke in die Arbeitswelt von gestern.

Der *Sinnlehenhof (Hirnreit 8 | Tel. 06583 84 38 | sinnlehen.at | €)* ist eine genial gute Käserei, auf der *Sinnlehenalm* gibt es diesen zu verkosten – und eine ordentliche Almjause gleich dazu. Der Aufstieg ist auch für Kinder schaffbar. Perfekt inszeniert ist der *Asitz (erreichbar mit Bergbahn Leogang tgl. 9–16.30 Uhr | saalfelden-leogang.com)*, der Hausberg der Leoganger: Neben klassischen Wandertouren starten hier Mountainbikerouten, Kunst- und Spielwanderweg. Du kannst dich aber auch einfach zurücklehnen und Tonspuren und Naturkino genießen.

INSIDER-TIPP
Wer traut sich?

Oder du holst dir den Adrenalinkick: Bis zu 130 km/h schnell saust du talwärts mit einer der längsten Stahlseilrutschen der Welt, dem *Flying Fox XXL (Mitte Juli–*

Mitte Sept. Di–So 9.30–16.30 Uhr, übrige Monate s. Website | Ticket inkl. Bergfahrt 79 Euro | Hütten 39 | flying-fox-xxl. at).* 🗺 F5

4 DIENTALM

22 km/24 Min. östl. von Saalfelden (Auto)

Die Dientalm belohnt Wanderer nicht nur mit Biokost, sondern lässt Gäste auch hinter die Kulissen schauen. Beim 🐮 „Tag der offenen Stalltür" erfahren manche Stadtkinder zum ersten Mal, dass Kühe nicht lila sein müssen. Im Winter wird die Alm zur Selbstversorgerhütte, die man mieten kann. Zu jeder Jahreszeit aber hast du hier oben einen unglaublichen Blick in den nächtlichen Sternenhimmel – fern von jeglichen Straßen- und Stadtlichtern. *Do geschl. | Mühlbach am Hochkönig 130 | Tel. 06467 79 19 | www.dientalm.at | €* 🗺 H6

INSIDER-TIPP
Allein auf dem Berg

SAALBACH-HINTER-GLEMM

(🗺 E6) **Saalbach-Hinterglemm (2800 Ew.) zählt zu den beliebtesten Skiregionen Österreichs.**

Das liegt nicht zuletzt am hohen Spaßfaktor beim Après-Ski. 70 Seilbahn- und Skiliftanlagen erschließen 270 km Pisten.

Erst hinauf zur Schussfahrt, dann hinein ins Après-Ski: Saalbach-Hinterglemm

ESSEN & TRINKEN

XANDL STADL

Uriger Schick mit wuchtigen Holzbalken und kuscheligen Schaf- und Kuhfellen erwartet euch in diesem für seine Fondues und Wildspezialitäten bekannten Gourmettempel. *Mi–So | Zwölferkogelweg 540 | Tel. 0664 1 12 79 09 | restaurant-hinterglemm.at | €€€*

SHOPPEN

Neben Outdoorausrüstung findest du im *Bergsepp Shop und Dorfladen (Mo, Mi–Sa 13–19 Uhr | Dorfstraße 322 | Hinterglemm)* kulinarische Köstlichkeiten.

SPORT & SPASS

BAUMZIPFELWEG

Am Talschluss von Saalbach-Hinterglemm bietet die an ihrer höchsten Stelle 42 m hohe Holzkonstruktion phantastische Ausblicke auf die Wipfel der Bäume und die Berge. Von der Endstation des Talschlussbummelzugs geht es auf die Lindlingalm, wo der rund 1 km lange Weg mit einer 200 m langen Hängebrücke, der „Golden Gate Bridge der Alpen", startet. *Mai–Okt. tgl. 9.30–18, Mitte Dez.–Ende März 11–21 Uhr | Eintritt 11 Euro | baumzipfelweg.at | ⏱ 1 Std.*

AUSGEHEN & FEIERN

Zum Après-Ski laden zahlreiche Bars und Discos ein, wie z. B. der *Tanzhimmel (Dorfstr. 140)*, das *Stamperl (Schustr. 29 | stamperl.at)* und *Bauer's Schi-Alm (Skiliftstr. 542 | bauers-schialm.at)*. In Hinterglemm (⊞ E6) haben der *Goaßstall (Reiterkogelweg 491 | goasstall.com)* und das *Hexenhäusl (Zwölferkogelweg 122 | hex.forsthaus.at)* bis weit nach Mitternacht geöffnet.

ZELL AM SEE

(*□ F6*) **Zell am See (10 100 Ew.) ist die Bezirkshauptstadt des Pinzgaus und als solche im Mittelpunkt des Geschehens: Vom Westen grüßt das Kitzsteinhorn, von Osten das Steinerne Meer und im Rücken liegen die Pinzgauer Grasberge.**

Das Highlight in Zell am See? ⚑ Ein Tag im Schnee – und dann in den See! Das ist hier möglich, denn der Gletscher am Kitzsteinhorn hat bis Juli Saison und inspiriert bis in den Sommer Skifahrer zur Abfahrt. Statt Après-Ski geht's nach der Skitour an den Zeller See.

Der Dampfnostalgiezug *Pinzgauer Lokalbahn (Mai–Sept. Mi u. Do | Tel. 06562 4 06 00 | pinzgauerlokalbahn.at)* fährt Gäste bequem zu den *Krimmler Wasserfällen* (s. S. 119). Das Naturspektakel sieht nicht nur imposant aus, es kühlt dank der Gischt auch an heißen Tagen.

SIGHTSEEING

ZELLER SEEZAUBER ⚐

Grandios im Sommer: Wenn es dunkel wird, illuminiert eine Lasershow der Sonderklasse den Zeller See – Eintritt frei. *Mai–Mitte Okt. 21.30 Uhr | zellamsee-kaprun.com*

ESSEN & TRINKEN

KRAFTWERK

Holzgebälk und Ziegel sorgen für außergewöhnliche Stimmung im ehemaligen Kraftwerk. Serviert werden regionale, modern adaptierte Gerichte mit vielen Zutaten vom eigenen Bio-

hof. *Tgl. | Schmittenstr. 12a | Tel. 0664 3 88 80 16 | kraftwerk-restaurant.at | €€*

STEINERWIRT 1493

Im „Kulturwirtshaus" finden Einheimische und Gäste bei altösterreichischer Küche zusammen. Autorenlesungen, Kleinkunst- und Zither-Abende. *Mi–So 11–22 Uhr | Dreifaltigkeitsgasse 2 | Tel. 06542 7 25 02 | steinerwirt.com | €€*

SCHLOSS KAMMER

Traditionsreiches Landgasthaus in einem Gutshof, großes Angebot an heimischen Gerichten. *Hauptsaison tgl. geöffnet, Zwischensaison Mo geschl. | Kammererstr. 22 | 5,5 km vom Zentrum, in Maishofen | Tel. 06542 68 20 20 | schlosskammer.at | €€*

SPORT & SPASS

Eine Seilbahn führt auf die 1968 m hohe *Schmittenhöhe (schmitten.at)*, die Ausgangspunkt für eine Wanderung über die Pinzgauer Grasberge ist. Der *Zeller See* lädt zum Schwimmen, Surfen und Segeln ein oder zu einer Bootstour ans Südufer nach *Thumersbach*. Lust auf einen kleinen Höhenflug mit super Ausblick? Bei der *Flugschule Zell am See (flugschule-zellamsee.at)* gibt es Schnuppertouren mit dem Segelflieger.

AUSGEHEN & FEIERN

Nach dem Skifahren wird gefeiert: In der *Pinzgauer Diele (pinzgauer-diele.at)* geht's hoch her, ebenso im *Insider (bar-zellamsee.at)*. Die *Seebar (Esplanade 4–6 | grandhotel-zellamsee.at)* direkt am Wasser ist ein Fall für besondere Stunden. Im nahe gelegenen Kaprun lässt man den Tag in der *Baumbar (baumbar.at)* oder im *Kitsch und Bitter (kitschundbitter.at)* ausklingen.

RUND UM ZELL AM SEE

5 KAPRUN

7,5 km/12 Min. südwestl. von Zell am See (Auto)

Kaprun (3100 Ew.) ist durch den Bau der Kraftwerksgruppe und der Gletscherbahnen *(kitzsteinhorn.at)* auf das *Kitzsteinhorn* (Bergstation 3029 m) zu einem Vorzeigekind des österreichischen Wirtschaftswunders mit Ganzjahres-Skibetrieb geworden. Das Kitzsteinhorn ist der höchste für jedermann begehbare Punkt und außergewöhnlichste Aussichtspunkt im Salzburger Land: Die ☂ Gipfelwelt 3000 (kitzsteinhorn.at) überrascht im Sommer mit dem Erlebnisbereich Ice-Arena, der Nationalpark Gallery, einer phantastischen Panoramaplattform mit Einsichten und Aussichten in die hochalpine Natur, und dem *Cinema 3000* mit 8 m hoher Leinwand.

INSIDER-TIPP
Unverstellter Ausblick

Wer Entspannung sucht, ist vor den Toren Kapruns in der *Tauern Spa World (tgl. 9–22 Uhr | Tageskarte ab 36 Euro | Tauern Spa Platz 1 | Tel. 06547 2 04 00 | tauernspakaprun.com)* sehr gut aufgehoben. ▥ F7

6 GROSSGLOCKNER-HOCHALPENSTRASSE ★

20 km/24 Min. südl. von Zell am See (Auto)

Die Straße von 1935 verläuft auf 1500 Höhenmetern durch alle Vegetations-

Unendliches Wasserparadies zum Sporttreiben oder Entspannen: Zeller See

zonen von der Wiese bis fast zum Gletscher. Ausstellungen entlang der Straße informieren über Geschichte und Landschaft. Um zur Hochalpenstraße zu gelangen, biegst du in Bruck *(🚗 F7)* von der Salzachtal-Bundesstraße ab. Nach 7,5 km erreichst du Fusch, wo die Straße beginnt; weitere 14 km südlich befindet sich die *Mautstelle Ferleiten (Wintersperre Nov.–April | Tageskarte 37,50 Euro | grossglockner.at).* Die gesamte Strecke beträgt 48 km (Berg- und Talfahrt). *🚗 F7–8*

RAURIS

(🚗 G7) **Vor einigen Jahrzehnten hättest du bei einem Besuch in Rauris (3000 Ew.) noch Goldgräber getroffen. Der Ort war für seine Schätze bekannt. Heute kannst du selbst dein Glück versuchen – ein wenig Goldstaub findest du bestimmt!**
Bei den *Rauriser Literaturtagen* im März finden sich Dichter und Schriftsteller zu Lesungen in Wirtshäusern und Bauernstuben ein.

ESSEN & TRINKEN

ANDRELWIRT
Der über 500 Jahre alte Gasthof ist bei Gästen und Einheimischen beliebt. Gute bodenständige Küche. *Tgl. | Dorfstr. 19 | Tel. 06544 64 11 | andrelwirt.com | €–€€*

LANDGASTHAUS WEIXEN
Wanderer belohnen sich hier mit selbst gebrautem Bier, Fisch- und Wildgerichten. *Mo geschl. | Seidlwinklstr. 114 | Tel. 06544 64 37 | weixen.at | €€*

SPORT & SPASS

GOLDWASCHEN 👥
Der Goldbergbau im Rauriser Tal hat Tradition. An den beiden Goldwaschplätzen Bodenhaus und Heimalm wirst du mit fachkundiger Anleitung zum „Schatzsucher". Infos beim *Tourismusverband Rauris (Tel. 06544 2 00 22 | raurisertal.at)*

LEHRWEG RAURISER URWALD 👥
Beim Wandern im Nationalpark Hohe Tauern lernen Kinder die Besonderheiten des Rauriser Urwalds kennen. Wer es ganz genau wissen will, schließt sich einem Ranger an *(Juli–Sept. Mo 13 Uhr | Führung 12 Euro, Kinder bis 16 J. in Begleitung der Eltern frei | Treffpunkt Parkplatz Lenzanger | short.travel/sal11 | ⏱ 4 Std.).*

RUND UM RAURIS

🔲 WÖRTH
3 km/5 Min. südl. von Rauris (Auto)
In der Erlebnisausstellung im *Nationalparkhaus „Könige der Lüfte" (Mai/Juni u. Sept/Okt. tgl. 14–18, Juli/Aug. ab 10 Uhr | Eintritt 5 Euro | Dorfstr. 27 | Tel. 06562 4 08 49 33 | hohetauern.at)* erfährst du viel über Steinadler, Gänse- und Bartgeier – die größten Vögel der Alpen. Im „Tal der Geier", dem Kruml-

tal, können Tierliebhaber die mächtigen Vögel dann live beobachten *(Exkursion mit Ranger im Sommer Mi um 8.45 Uhr | Parkplatz Alte Buchebenstr. 38 | 8 km südl. vom Zentrum).* 🗺 *G7*

🖿 KOLM-SAIGURN

20 km/20 Min. südl. von Rauris (Auto)
Wo bis Anfang des 20. Jhs. nach Gold geschürft wurde, führt heute der Tauerngold-Rundwanderweg an alten Stollen und Knappenhäusern vorbei *(5 km |* ⏱ *4 Std.).* Die kleine Siedlung ist auch Ausgangspunkt für Touren auf den *Sonnblick* (3105 m) mit der ältesten Gipfelwetterwarte der Alpen. In jahrtausendelanger Arbeit hat sich die Rauriser Ache den Weg durch den Kalkschiefer gebohrt – und schuf so die *Kitzlochklamm (Mai–Sept. tgl. 8–18, Okt. tgl. 9–16 Uhr | Eintritt 8, Kinder (6–15 J.) 5,50 Euro | kitzlochklamm. at |* ⏱ *1½ Std.).* <mark>Wer sportlich ist, sucht den Adrenalinkick auf einem der herausfordernden Klettersteige.</mark> 🕶 Zusätzlich gibt es einen Steig in der Familienversion, der auch für Kinder und Anfänger geeignet ist. 🗺 *G8*

INSIDER-TIPP
Für echte Kletterprofis

Interaktives Erlebnis: Nationalparkzentrum Hohe Tauern

MITTERSILL

(🗺 D7) **Der größte Ort (5600 Ew.) des Oberpinzgaus. Schon zur Römerzeit führte ein Weg über den Felbertauern nach Norden.**
Bereits im 16. Jh. besaß *Mittersill* eine Schule, und die Bürgerhäuser mussten oft Hochwasser der Salzach aushalten.

SIGHTSEEING

FELBERTURM

Im Wehrturm aus dem 12. Jh. wurde ein Regionalmuseum mit der vielseitigsten und größten Sammlung aus der Nationalparkregion eingerichtet. *Mai–Okt. Mi–So 10–18, Mitte Dez.–Feb. Fr/So 13–18 Uhr | Eintritt 8 Euro | museumswelten-hohetauern.at*

NATIONALPARKZENTRUM HOHE TAUERN ⭐

Die Erlebnisausstellung 🎎 🕶 *Nationalparkwelten* führt dich in interaktiv gestalteten Naturräumen durch die faszinierende Landschaft des Natio-

Ob Else und Resi schon Smaragde im Habachtal erstöbert haben? Die Damen schweigen

nalparks, die du etwa aus der Adlerflugperspektive oder aus der Sicht eines Murmeltierbaus erleben kannst. Die „360°-Nationalparkwelt" bietet mit einem atemberaubenden Panoramafilm einen plastischen Eindruck der Berge. Im Shop bekommst du Naturprodukte aus der Nationalparkregion, Karten für Wandertouren, Stofftiere und andere kleine Mitbringsel. *Di–So 9–18 Uhr | Eintritt 12, Kinder (6–14 J.) 6 Euro, jüngere Kinder frei | Gerlosstr. 18 | nationalparkzentrum.at |* ⏱ *2 Std.*

ESSEN & TRINKEN

BRÄURUP

Typischer Gasthof mit Gastgarten, eigener Brauerei, Hausmannskost und internationaler Küche. *Tgl. | Kirchgasse 9 | Tel. 06562 6 21 60 | braurup.at | €€*

SUNNSEIT

Die Bioküche des liebevoll geführten Familienunternehmens ist mehrfach ausgezeichnet und das 3000er-Panorama der Hohen Tauern hier ganz unverstellt. Freitags gibt es frischen Fisch vom regionalen Züchter. *Sa–Do 10–18, Fr 10–21 Uhr | Breitmoos 49 | Tel. 0676 7 77 39 96 | sunnseit.at | €*

INSIDER-TIPP
See auf dem Teller, Berg im Blick

SPORT & SPASS

Wie wär's mit Paragliding *(flugschule-pinzgau.at)*? Auch den *Golfclub Mittersill-Stuhlfelden (Tel. 06562 57 00 | golfclub-mittersill.at)* mit 18-Loch-Anlage findest du hier. Fischen (Fliegenfischerschule) bietet der *Gasthof Bräurup (braurup.at)* an. Und Mittersill ist ein beliebter Ausgangspunkt für Trekking-, Mountainbike- und Radtouren.

RUND UM MITTERSILL

9 UTTENDORF

8 km/9 Min. östl. von Mittersill (Auto)
Die Gemeinde (3000 Ew.) am Ausgang des Stubachtals war schon in der Bronzezeit ein Siedlungsplatz. 500 Urnengräber aus der Hallstattzeit wurden hier gefunden. Der Ort war damals so beliebt wie heute. Als hochalpines Erlebnis für die ganze Familie bietet sich die *Weißsee Gletscherwelt (Tel. 06563 2 01 50 | gletscherwelt-weissee.at)* an: im Sommer zum Wandern, im Winter zum gemütlichen Skifahren. *E7*

10 HOLLERSBACH

5 km/3 Min. westl. von Mittersill (Auto)
In Hollersbach (1300 Ew.) baute Yves Rocher früher auf 1,5 ha Fläche Kräuter an, u. a. Ringelblumen, Malven und Arnika. Heute ist der *Botanische Garten* mit mehr als 500 Kräuter- und Pflanzenarten ein beliebtes Ziel für Gartenfreunde. Es gibt einen *Bienenlehrpfad*; Abkühlung bietet der Naturbadesee (mit Abenteuerspielplatz). *D7*

11 NEUKIRCHEN AM GROSSVENEDIGER

17 km/12 Min. westl. von Mittersill (Auto)
Bekannt ist der Ort (2600 Ew.) seit der Erstbesteigung des Großvenedigers (3666 m) im Jahr 1841. Im Winter herrscht Skizirkus auf dem *Wildkogel* (2224 m). Neukirchen ist Ausgangspunkt für Wanderungen in die *Sulzbachtäler* und ins *Habachtal*, eine der

wenigen Smaragdfundstellen Europas. Hier könnt ihr dem Habach auf dem Lehrpfad „Smaragdweg" *(ab Parkplatz Habachtal | 7 km hin und zurück | 5 Std.)* folgen und erfahrt allerhand über die Geologie des Tals. Wenn ihr selbst nach Smaragden suchen wollt: Der *Gasthof Alpenrose (alpenrose-habachtal.at)* verleiht Schürfausrüstung. Das historische *Kupferbergwerk Hochfeld (Führungen Mai–Sept. Mo–Fr 11 u. 14 Uhr | 10 Euro | zu Fuß ab Gasthof Schütthof in 1½ Std. oder Anfahrt mit Nationalparktaxi | short.travel/sal12 | 2 Std.)* ist eines der originellsten und größten Schaubergwerke (mit 1200 m langem Stollen). *C7*

12 KRIMML

26 km/21 Min. südwestl. von Mittersill (Auto)
Die ⭐ *Krimmler Wasserfälle (April–Okt. | Gebühr 5 Euro | wasserfaelle-krimml.at)* stürzen in drei Stufen 380 m ins Tal und ziehen seit dem 18. Jh. Besucher an. In den *Wasserwelten Krimml (Mai–Okt. tgl. 9–17 Uhr | Kombiticket mit Wasserfallweg 10,40 Euro)* am Fuß der Fälle wird das Element Wasser anschaulich begreifbar gemacht.
Krimml ist Startpunkt für Bergtouren in die Venediger- und die Reichenspitzgruppe (Zillertaler Alpen). Wanderungen zum Krimmler Tauernhaus *(krimmler-tauernhaus.at)* und ins Wildgerlostal zählen zu den schönsten Salzburgs. Infos hat der *Tourismusverband Krimml (Tel. 06564 7 23 90 | krimml.at)*. Im 7 km entfernten „Speckdorf" in Wald im Pinzgau gibt es Speck- und Wurstspezialitäten, Schnaps, Öl sowie feinen Honig zu kaufen *(speckdorf.at)*. *B7*

ERLEBNIS TOUREN

Lust, die Besonderheiten der Region zu entdecken? Dann sind die Erlebnistouren genau das Richtige für dich! Ganz einfach wird es mit der MARCO POLO Touren-App: Die Tour über den QR-Code aufs Smartphone laden – und auch offline die perfekte Orientierung haben.

❶ DAS SALZBURGER LAND PERFEKT IM ÜBERBLICK

➤ Auf den See schauen, sich wie am Meer fühlen
➤ Jahrhundertaltes Salz schmecken
➤ Frei sein im Wald

📍 Salzburg

➡ rund 460 km

🏁 Krimmler Wasserfälle

🚗 7 Tage, reine Fahrzeit ca. 7 Std.

ℹ Ranger für die Führung durch den ⓲ **Nationalpark Hohe Tauern** nur bei vorheriger Anmeldung *(national park.at | Tel. 0656 24 08 49)*.

Naturerlebnis mit Aussicht – beim Weißgrubenkopf

VON SALZBURG AUS DIE SEEN ENTDECKEN

Du startest deine Entdeckungsreise durch das Salzburger Land in der Hauptstadt ❶ **Salzburg ➤ S. 38**. Die Route führt direkt zu einem unvergesslichen Ort, in *östlicher Richtung auf der B158 aus der Stadt und über Hof entlang des Fuschlsees in rund 30 Minuten zum Badeort* ❷ **Fuschl am See ➤ S. 59**. Auf der kleinen **Seepromenade** lässt's sich gut einen Blick über den türkisfarbenen Fuschlsee in Richtung Norden zum Schloss Fuschl werfen, das als Kulisse für die „Sissi"-Filme mit Romy Schneider diente – Nostalgie pur. *Weiter geht es auf der B158* mit Postkartenmotiv-Blick auf den Wolfgangsee *nach* ❸ **Sankt Gilgen ➤ S. 72**. *Park dein Auto an der Schiffsanlegestelle, von dort aus kannst du* gleich links das **Mozarthaus ➤ S. 72** besichtigen.

GEMÜTLICH HOCH HINAUS

Nach einer Pause in der **Café-Konditorei Braun** *(Mi–So 9–18 Uhr | Mozartplatz 2a)* geht es im Auto *weiter in Richtung Bad Ischl eine Viertelstunde am blau schimmernden Wolfgangsee entlang bis zum Parkplatz Gschwendt. Vom dortigen Anleger der* ❹ **Wolfgangseeschifffahrt** *(Zeiten nach Aushang)* nimmst du ein Schiff zum Anleger ❺ **Schafbergbahn ➤ S. 73** in **Sankt Wolfgang ➤ S. 73**.

TAG 1		
❶ Salzburg		
	24 km	30 min
❷ Fuschl am See		
	8 km	10 min
❸ Sankt Gilgen		
	10 km	30 min
❹ Wolfgangseeschifffahrt		
	0,5 km	2 min
❺ Schafbergbahn		

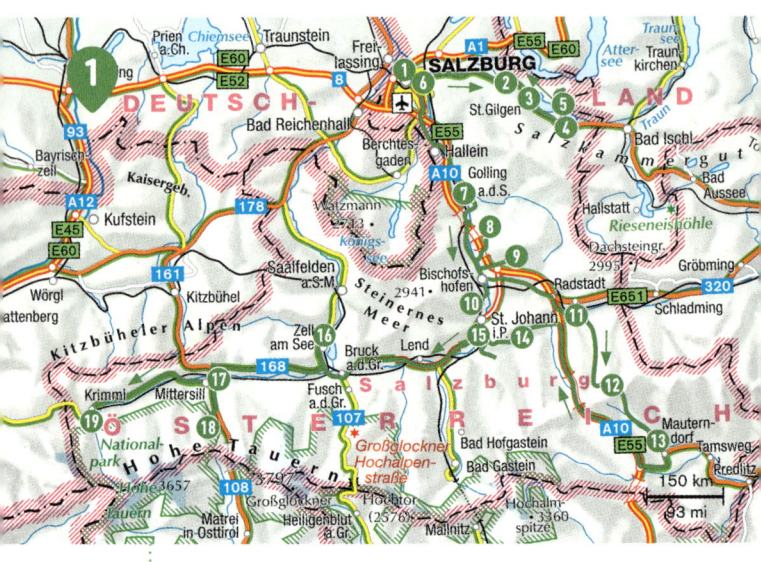

52 km 1 h 20 min

6 Star Inn Hotel Gablerbräu

TAG 2

29 km 40 min

7 Golling

29 km 1 h 50 min

Mit der urigen Zahnradbahn lässt sich der Schafberg ganz leicht erklimmen und oben die wundervolle Aussicht über das Salzkammergut genießen. Für diese Etappe solltest du hin und retour rund drei Stunden einplanen. Zurück nach Salzburg geht es auf der B158, wo du im **6 Star Inn Hotel Gablerbräu** *(starinnhotels.com)* übernachtest. In der Nähe gibt es viele Restaurants.

HÖHLEN IM EIS

Am nächsten Tag heißt es bye-bye Salzburg, denn es geht *auf der B159 über* **Hallein** ➤ **S. 86** *ins Salzachtal, das zur Linken vom massiven Tennen- und zur Rechten vom sanfteren Hagengebirge begrenzt ist. In* **7 Golling** ➤ **S. 87** wirfst du einen kurzen Blick auf die mittelalterliche **Burg** *(Mai–Okt. Do–So 9–14–18 Uhr | Eintritt 5 Euro | burg-golling.at/museum)* und stillst den knurrenden Magen anschließend im beliebten **Gasthof Abfalter** *(Do–So 11–24 Uhr | Wasserfallstr. 57 | Tel. 06244 44 98 | abfalter.info | €–€€).* Nach dem Mittagessen geht's weiter – und zwar *südwärts auf einer kurvigen Straße zum historischen Pass Lueg.* Hier boten 1809 Salzburgs Freiheitskämpfer Napoleon die Stirn. *Nach rund 15 Minuten Fahrzeit gelangst du nach Wer-*

fen ➤ S. 89, wo dich dein Weg direkt weiter zum Busplatz Gries unterhalb der Burg Hohenwerfen ➤ S. 89 im Norden des Orts führt. Von hier aus nimmst du den Bus (alle 25 Min.) zur Bahn der **8 Eisriesenwelt** ➤ S. 89. Für die Tour ins faszinierende eisige Tunnelsystem solltest du rund drei Stunden einplanen (inkl. Bahn- und Busfahrt). *Danach geht's zurück nach Werfen und dann auf der L229 – in rund 10 Minuten – in den malerischen Bergort* **Werfenweng** ➤ S. 90, wo du im **9 Travel Charme Bergresort Werfenweng** *(travelcharme.com | €€–€€€)* isst, übernachtest und deinen Tag im Spa mit herrlichem Bergpanorama ausklingen lassen kannst.

WO DIE SKIADLER FLIEGEN

Am nächsten Tag *geht's auf der L229 zurück nach Werfen, von dort fährst du auf der B159 in die Vierschanzentournee-Stadt* **10 Bischofshofen** ➤ S. 90. Im dortigen Besucherzentrum des **Geoparks Erz der Alpen** kommst du geologischen Phänomenen auf die Spur. Wieder unter freiem Himmel stehst du direkt vor der **Skisprungschanze,** dem Wahrzeichen des Orts. *Fahr danach in südöstlicher Richtung weiter in die älteste Stadt Salzburgs, nach* **11 Radstadt** ➤ S. 93. Hier bietet das **Hotel Post** *(tgl. | Stadtplatz 8-9 | posthotel-radstadt.at | €–€€)* Gelegenheit zu einem Kaffee oder zum Mittagessen. Wer sich für Geschichte interessiert, sollte das Radstädter **Heimatmuseum** *(Juni–Sept. Mi–Fr 10–12 u. 14.30–17 Uhr | Eintritt 5 Euro | Schlossstr. 1)* im Schloss Lerchen besuchen.

---

8 Eisriesenwelt

16 km   1 h

9 Travel Charme Bergresort Werfenweng

TAG 3–4

13 km   15 min

10 Bischofshofen

29 km   25 min

11 Radstadt

Gemütlich aufwärts geht's mit der Schafbergbahn

Grandioses Wasser- und Lichtspiel an den Krimmler Wasserfällen

HINEIN IN DIE WANDERSCHUHE

23 km 25 min

⑫ Obertauern

Südwestlich von Radstadt wird die Straße kurviger und enger. Dann klettert sie hinauf in die imposante Bergwelt der Radstädter Tauern. In der Gegend um ⑫ **Obertauern** ➤ S. 94 findest du ein wahres Wanderparadies. Daher lohnt sich hier eine Übernachtung, etwa im **Hotel Alpina** *(alpina.co.at)*. Plan spätestens am Abend die Route für den nächsten Tag *(bergfex.at)* – denn an Tag 4 steht deine ganz persönliche Wandertour auf dem Programm (etwa zum Twenger Almsee). Abends übernachtest du noch einmal hier.

ETWAS KULTUR ZWISCHENDURCH

TAG 5

17 km 15 min

⑬ Mauterndorf

61 km 1 h

⑭ Wagrain

Heute geht es *entlang römischer Meilensteine steil bergab durch Tweng*, mit rund 250 Einwohnern eine der kleinsten Gemeinden Salzburgs, und *anschließend durch das* wildromantische *Taurachtal* nach ⑬ **Mauterndorf** ➤ S. 100, wo du von der Burg bis in den mittelalterlichen Ortskern bummelst. *Weiter führt die Route über Sankt Michael im Lungau über die B96 und Tauernautobahn A10 durch den Tauerntunnel in den Wanderort* ⑭ **Wagrain** ➤ S. 92. Hier begegnest du bei einem Kulturspaziergang *(short.travel/sal13)* der Geschichte zweier berühmten Wagrainer: Joseph Mohr, Texter des Weihnachtslieds „Stille Nacht", und Heimatdichter Karl Heinrich Waggerl. Danach lässt du dir am besten im **Café Bosek** *(tgl. | Markt 94 | bosek.at)* hausgemachte Leckereien schmecken. *In nordwestlicher Richtung auf der B163 geht es später in das Alpendorf* ⑮ **Sankt Johann im Pongau** ➤ S. 91, wo eine Fahrt mit der **Gondelbahn** *(tgl. 9–17 Uhr, Fahrtdauer 10 Min. | Berg- u. Talfahrt 26,80 Euro | alpendorf.com)* auf den Gernkogel/Geisterberg (1787 m) den Tag abrundet. Übernachten kannst du z. B. im **Hotel Oberforsthof** *(oberforsthof.at)*.

WARM-UP FÜR DEN NATIONALPARK
Um in den Pinzgau zu gelangen, *fährst du die B311 nach* ⑯ **Zell am See** ➤ S. 114. Hier schlenderst du durch den Ort und wirfst einen Blick auf den tausendjährigen **Vogtturm** am Stadtplatz. Von der Seepromenade aus kannst du den See umrunden, baden und mit dem Schiff fahren. *Danach geht es dem Ursprung der Salzach entlang in westlicher Richtung in die kleine Stadt* ⑰ **Mittersill** ➤ S. 117. Highlight des Orts ist das **Nationalparkzentrum Hohe Tauern** ➤ S. 117.

INSIDER-TIPP
Nationalpark aufs Brot

Im Shop kannst du tolle Mitbringsel kaufen, köstlich schmeckt etwa der Honig der Nationalparkbienen. Begib dich nach einer Stärkung im dortigen Terrassenrestaurant auf eine ca. zweistündige virtuelle Reise durch den Nationalpark, neun Stationen warten darauf erkundet zu werden. Übrigens: Besitzer der *Nationalpark Sommercard (nationalpark-sommer card.at)* parken hier gratis. Zur Übernachtung bietet sich u. a. das **Schloss Mittersill** *(schloss-mittersill.at)* an.

ZWEI HIGHLIGHTS ZUM ABSCHLUSS
Am letzten Tourtag steht ein Ausflug in den ⑱ **Nationalpark Hohe Tauern** ➤ S. 117 auf dem Programm. Entweder erkundest du ihn auf eigene Faust oder du lässt dich von einem Ranger (Anmeldung!) ins Hochgebirge führen (Anmeldung und Infos zu Touren unter *nationalpark.at* oder *Tel. 06562 40939)*. Voraussetzung für einen Alleingang: gute Bergausrüstung und Kenntnisse über mögliche Risiken. *Anschließend fährst du über Mittersill in westlicher Richtung auf der B165 nach* **Krimml** ➤ S. 119, dort erwarten dich zum Finale die imposanten ⑲ **Krimmler Wasserfälle** ➤ S. 119.

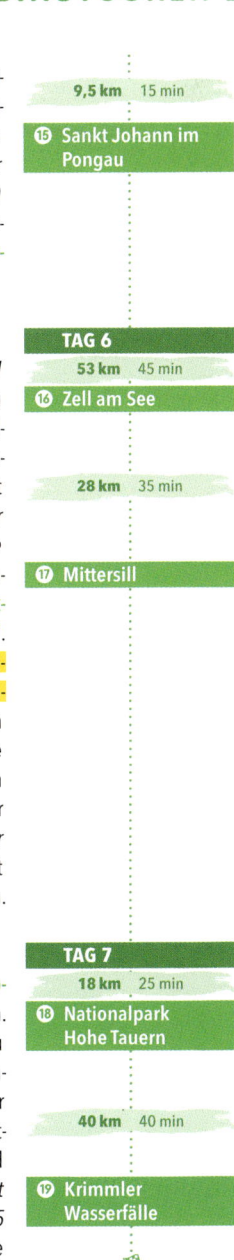

9,5 km · 15 min
⑮ Sankt Johann im Pongau

TAG 6
53 km · 45 min
⑯ Zell am See

28 km · 35 min

⑰ Mittersill

TAG 7
18 km · 25 min
⑱ Nationalpark Hohe Tauern

40 km · 40 min

⑲ Krimmler Wasserfälle

❷ MIT DEM RAD IM SEENLAND

➤ Lakehopping auf zwei Rädern
➤ Das Lied der Hoffnung hören
➤ Brücke im großen (Jugend-)Stil

📍 Salzburg 🏁 Laufen

➡ 88 km 🚴 3 Tage,
reine Fahrzeit 6½ Std.

ℹ Übernachtungen vorher reservieren!
Nach Salzburg zurück kommst du mit der Lokalbahn
von ⓫ **Oberndorf** (Halbstundentakt, Fahrradmitnahme
erlaubt) oder mit dem Rad die Salzach flussaufwärts (ca.
18 km) auf österreichischer Seite.

TAG 1

❶ **Salzburg**

13 km 1 h

❷ **Eugendorf**

18 km 1 h 15 min

FLUSSABWÄRTS ZUM SCHLOSS

Start ist in der Stadt ❶ Salzburg ➤ S. 38 *am Makartsteg
am rechten Salzachufer bei der Statue von Herbert von
Karajan. Fahr flussabwärts die Radstrecke entlang auf
dem Treppelweg.* Er wurde zur Zeit des Salzhandels angelegt, um die Salzachschiffe flussaufwärts zu ziehen.
*Kurz nach dem Kraftwerk Sohlstufe Lehen biegst du
scharf rechts in den Radweg, der den Alterbach entlangführt. Einige Bahn- und Straßenunterführungen geht es
weiter, bis hin zur Ischlerbahntrasse,* die bis 1957 Salzburg mit Bad Ischl verband. *Vorbei am Samer Mösl,* einem Moor mit seltenen Pflanzen, *geht es auf einem gut
asphaltierten Radweg stetig bergauf, bis du über weite
Felder nach* ❷ Eugendorf *gelangst*, wo sich ein Blick in
die **Pfarrkirche zum Heiligen Martin** mit der Kreuzi-
gungsgruppe des Barockbildhauers Meinrad Guggenbichler lohnt, die mit ihren lebensgroßen Figuren um
1700 entstand. *Hinter der Kirche biegst du beim Krieger-
denkmal rechts ab.* Gelegenheit zum Mittagessen hast
du hier beim **Gastagwirt** (*Mi–Mo 11–21 Uhr | gastag
wirt.at | €€*). Anschließend hältst du dich wieder rechts,
unter der Bundesstraße geht's hindurch nach Unzing.
Nimm den linken Abzweig nach Henndorf ➤ S. 61, *und*

Einmal Landidylle, bitte! Kein Problem in Neumarkt am Wallersee

verlass den Ort in Richtung Haslach und Wertheim zum ❸ **Schloss Sighartstein** *(nicht öffentl. zugängl.).* Hier musizierte Mozart; Arturo Toscanini und Operndiva Maria Callas waren zu Gast. *Über die Sighartsteinerstraße kommst du, indem du die Bundesstraße querst, nach* ❹ **Neumarkt am Wallersee** ➤ **S. 62**. Übernachten kannst du im **Ferienhotel Herzog** *(ferienhotel-herzog. at)* – vorher lockt noch ein Bad im Wallersee oder ein Abendspaziergang am Wasser.

SPAZIERGANG IN DER KLAMM

Heute *verlässt du Neumarkt in Richtung Köstendorf und fährst zur* ❺ **Fischachmühle**. *Lass das Rad stehen und mach zu Fuß einen Abstecher in die* ❻ **Tiefsteinklamm**, *um die sich eine mystische Sage rankt. Danach führt dich die Tour zurück zur Fischachmühle und weiter nach Schleedorf, wo du im urigen Landgasthaus* ❼ **Hofwirt Schleedorf** *(Mi–So ab 10 Uhr | hofwirt-schleedorf.at | €–€€) Rast machst. Weiter geht's übers Paltingmoos an den* unter Naturschutz stehenden ❽ **Egelseen** *vorbei. Baden ist hier nicht erlaubt, aber keine Sorge, auf der Köstendorfer Landstraße (Achtung, kein Radweg!) entlang ist es jetzt nicht mehr weit bis nach* ❾ **Mattsee** ➤ **S. 63**. Dort kannst du dich endlich

❸ **Schloss Sighartstein**	
2 km 10 min	
❹ **Neumarkt am Wallersee**	
TAG 2	
7 km 30 min	
❺ **Fischachmühle**	
1 km 20 min	
❻ **Tiefsteinklamm**	
3 km 30 min	
❼ **Hofwirt Schleedorf**	
3,5 km 15 min	
❽ **Egelseen**	
2,5 km 10 min	
❾ **Mattsee**	

im Wasser erfrischen. Check für die Übernachtung schon mal im **Schlosshotel Iglhauser** *(schlosshotel-igl. at)* direkt am See ein. Ein unbedingtes Muss im Ort ist das Porsche-Museum **Fahrtraum** *(tgl. 10–17 Uhr | Eintritt 13 Euro | Passauer Str. 30 | fahrtraum.at)*. Wenn du zur richtigen Zeit unterwegs bist, kannst du anschließend den Abend bei einem klassischen Konzert des **Diabelli-Sommers ➤ S. 63** ausklingen lassen.

ZUM GEBURTSORT EINES BERÜHMTEN LIEDS

TAG 3

11 km   45 min

⑩ Obertrum am See

20 km   1 h 50 min

Verlass den malerischen Ort in östlicher Richtung und radel am Grabensee vorbei, einem der wärmsten Seen Österreichs. Nach zwei Holzbrücken geht es in Richtung Seeham ➤ S. 64 und Obertrum am Nordufer des Obertrumer Sees entlang. In ⑩ *Obertrum am See ➤ S. 64* kannst du mit dem **Hofladen Joglbauer** *(nach Anmeldung | Tel. 06219 62 91 | hofladen-joglbauer.at)* einen traditionellen Flachgauer Biobauernhof besichtigen und erfährst viel über biologische Landwirtschaft. Nach einer Biojause lässt du Obertrum hinter dir und *fährst in westlicher Richtung über Mühlbach bis nach* **Anthering***. Dort nimmst du den Weg durch die Au zur Salzach, bis du auf den Tauernradweg bzw. Treppelweg stößt.*

Folg diesem flussabwärts bis nach ⓫ **Oberndorf**, *wo das Weihnachtslied „Stille Nacht, heilige Nacht" von Joseph Mohr und Franz Xaver Gruber bei der Christmette 1818 in der St.-Nikolai-Kapelle uraufgeführt wurde. Im nahen* **Stille Nacht & Heimatmuseum** *(Mi–So 10–18 Uhr | Eintritt 4,50 Euro) gibt es Kopien der „Originalnoten" zu kaufen. Auf der bayerischen Seite der Salzach, verbunden durch eine Jugendstilbrücke, liegt das Städtchen* ⓬ **Laufen**. *Dort beschließt du deine Radreise durch den Flachgau ganz in Ruhe im Klostergarten des Restaurants* **Kapuzinerhof** *(Di–So ab 11 Uhr | Schloßplatz 4 | kapuzinerhof.de | €€).*

⓫ Oberndorf

2 km   10 min

⓬ Laufen

❸ STADTBUMMEL DURCH SALZBURG

➤ **Sich wie Mozart fühlen**
➤ **Spaziergang mit Denkern und Dichtern**
➤ **Kurze und Verlängerte genießen**

📍 Cornelius-Reitsamer-Platz

🏁 Bazar

➡ ca. 7 km

🚶 1 Tag, reine Gehzeit ca. 3 Std.

ⓘ Achtung: Auf den Stadtbergen die markierten Wege nicht verlassen!

HOCH AUF DEN KAPUZINERBERG

Der Startpunkt liegt in der Fußgängerzone Linzer Gasse am ❶ **Cornelius-Reitsamer-Platz**. *Links durch den Torbogen der Franziskuspforte beginnt ein relativ steiler Anstieg auf alten Pflastersteinen, der an Stationen eines Kreuzwegs entlangführt. Durch die Felixpforte hindurch siehst du links das Paschingerschlössl (nicht öffentl. zugängl.), wo Autor Stefan Zweig von 1919 bis 1934 wohnte. Durch ein weiteres Tor gelangst du zu einer* ❷ **Mozartstatue**. *Früher stand hier das Zauberflötenhäuschen, in dem angeblich Mozart Teile seiner*

❶ Cornelius-Reitsamer-Platz

❷ Mozartstatue

Eine Augenweide: Schloss Mirabell mit Garten, hinten die Festung Hohensalzburg

❸ Franziskischlössl

berühmten „Zauberflöte" komponierte. *Du folgst links dem asphaltierten Weg, der leicht ansteigend bis zum (derzeit leider geschlossenen)* ❸ *Franziskischlössl (franziskischloessl.at) führt.* Der Wehrbau wurde von Erzbischof Paris von Lodron im Dreißigjährigen Krieg errichtet – heute hast du von der Aussichtsplattform einen phantastischen Ausblick auf den Norden der Stadt bis hin zu den Flachgauer Seen. *Den Kapuzinerberg hinunter führt derselbe Weg wie hinauf.* Das Wasser des Holzbrunnens am Weg ist trinkbar, und vielleicht siehst du unterwegs sogar eine Stadt-Gämse.

INSIDER-TIPP
So weit das Auge reicht

OHNE MOZART GEHT ES NICHT

Wieder in der Linzer Gasse gehst du bergab am Haus der Engel-Apotheke vorbei, an dem ein Gedicht von Georg Trakl (1887–1914) zu lesen ist. *Gleich danach biegst du rechts in die* ❹ *Dreifaltigkeitsgasse* ein. Kleine Boutiquen säumen die Gasse, bevor du auf den ❺ Makartplatz mit den Magnolienbäumen kommst.

❹ Dreifaltigkeitsgasse

❺ Makartplatz

Hier kannst du das ⑥ **Mozart-Wohnhaus** ➤ S. 47 *linker Hand besichtigen.* Plan dafür rund eine Stunde ein.

6 Mozart-Wohnhaus

URIGE MITTAGSPAUSE

Geradeaus siehst du das Geburtshaus des Physikers Christian Doppler *(Makartplatz 1). Spazier zwischen dem Hotel Bristol und dem Salzburger Landestheater hindurch in den* ⑦ **Mirabellgarten** ➤ S. 48. *Inmitten blühender Pflanzen, vorbei an Statuen griechischer Götter, kommst du zum Pegasus-Brunnen. Wenn du eine Münze hineinwirfst, kannst du dir etwas wünschen. Auf den Stufen, die zum Rosenhügel führen, solltest du einen Blick zurückwerfen: Das Fotomotiv ist perfekt! Links, an einer Vogelvoliere des 18. Jhs. vorbei, gelangst du zum* ⑧ **Müllner Steg** *der Salzach. Von hier hast du den schönsten Blick auf die Altstadt. Geh über die Brücke und steig die Treppe zur Müllner Hauptstraße hinauf, diese überquerst du und hältst dich rechts bis zum traditionellen* ⑨ **Gasthof Krimpelstätter** *(Di–Sa ab 11 Uhr, während der Festspiele tgl. | Müllner Hauptstr. 31 | €–€€).* In einer holzgetäfelten Stubn lässt's sich gut zu Mittag essen. *Frisch gestärkt spaziert du anschließend hinter dem Gasthof durch*

7 Mirabellgarten

8 Müllner Steg

9 Gasthof Krimpelstätter

Von der Terrasse des Museums der Moderne liegt dir Salzburg zu Füßen

die Monikapforte, eine alte Wehrmauer, vorbei am Hotel Schloss Mönchstein auf den Mönchsberg.

MUSEALE AUSBLICKE

Halte dich links und statte dem ⑩ **Museum der Moderne Mönchsberg** ➤ S. 46 einen Besuch ab, von seiner Terrasse hast du übrigens einen wundervollen Panoramablick über die Stadt! *Der Weg führt weiter durch ein Tor einer Befestigungsmauer in Richtung Festung Hohensalzburg ➤ S. 45 zu einer Anhöhe, wo du über dem Neutor die Altstadt überschauen kannst. Anschließend nimmst du den kleinen Weg links auf der Seite der Altstadt (Vorsicht bei den Stufen!) hinab zu den* **Festspielhäusern** ➤ S. 48. Ist das mobile Dach der *Felsenreitschule* geöffnet, kannst du auf die Bühne hinunterblicken und vielleicht einer Opernprobe lauschen. Rechts siehst du ein rosa Gebäude, die Edmundsburg, diese ist Sitz des **Stefan Zweig Zentrums** ➤ S. 44. *Die Clemens-Holzmeister-Stiege führt hinab in den Toscanini-Hof. Gleich rechter Hand liegt die* ⑪ **Franziskanerkirche** *(tgl. 6.30–19.30 Uhr) aus dem 8. Jh. mit romanischem Langhaus und gotischem Hallenchor sowie dem Hochaltar von Johann Fischer von Erlach, die du besichtigen kannst.*

INSIDER-TIPP
Gratis-Vorstellung

⑩ **Museum der Moderne Mönchsberg**

⑪ **Franziskanerkirche**

KEIN STADTBUMMEL OHNE SHOPPING

In der ⑫ **Sigmund-Haffner-Gasse** hast du in der **Galerie Welz** *(galerie-welz.at)* eine große Auswahl an Druckgrafiken. *Beim Ritzerbogen, vorbei an Österreichs ältester noch bestehender Buchhandlung,* **Höllrigl**, *biegst du rechts ab und gehst zum Alten Markt, wo du eine Pause im Café* ⑬ **Tomaselli** ➤ S. 49 *machen kannst.* Vielleicht probierst du sogar einen der hausgemachten Kuchen, die stilecht von Kuchendamen serviert werden? Versäum nicht, anschließend gegenüber in der ⑭ **Konditorei Fürst** *(Mo–Sa 8–20, So 9–20 Uhr | Brodgasse 13 | original-mozartkugel.com)* original Mozartkugeln als Mitbringsel zu erstehen. In den Altstadthäusern und in der nahen ⑮ **Getreidegasse** ➤ S. 42, Salzburgs berühmtester Einkaufsstraße, warten Shoppingmöglichkeiten aller Preisklassen – von Mode bis zu Souvenirs. *Deinen Stadtbummel lässt du linker Hand an der Salzach im Café* ⑯ **Bazar** ➤ S. 49 *ausklingen.*

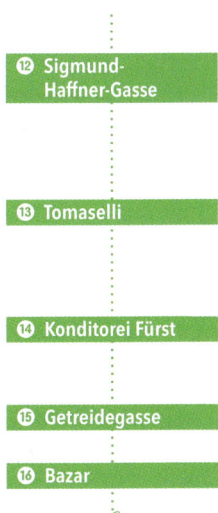

⑫ Sigmund-Haffner-Gasse

⑬ Tomaselli

⑭ Konditorei Fürst

⑮ Getreidegasse

⑯ Bazar

❹ LANDPARTIE FÜR GENIESSER

➤ Braukunst kennenlernen
➤ Hochprozentiges probieren
➤ Behutet wie Kaiser Franz Josef I.

 Salzburg Seebad Nussdorf

➡ rund 235 km — 2 Tage, reine Fahrzeit 3½ Std.

ℹ Mitnehmen: Picknickdecke und -korb, Badesachen
Achtung: Anmeldung nötig für Führung im ❷ **Hofbräu Kaltenhausen** und evtl. Führung durchs **Arboretum**!

DEN BIERBRAUERN ZUSCHAUEN

Starte in ❶ **Salzburg** ➤ S. 38, *das du auf der B150 in Richtung Anif verlässt. Im* ❷ **Hofbräu Kaltenhausen** *(Führungen nach Anmeldung tgl. 10–18 Uhr | 10 Euro | Tel. 06245 7 95 52 67 | kaltenhausen.at), das am Fuß*

TAG 1
❶ Salzburg
14 km 20 min
❷ Hofbräu Kaltenhausen

von zwei Felstürmen, den zwei Barmsteinen, liegt, machst du deinen ersten Stopp. Dort erhältst du in der ältesten Brauerei Salzburgs Einblicke in die Kunst des Bierbrauens und kannst deinen Picknickkorb mit verschiedenen Bieren befüllen. *Nach nur wenigen Kilometern triffst du in der alten Salzhandelsstadt* Hallein ▶ S. 86 *ein*. Hier findest du, umgeben von weiten Wiesen und Obstbäumen, in einem alten Gutshaus die ❸ Brennerei Guglhof ▶ S. 86, die Schnäpse, Liköre und Whiskey herstellt und verkauft.

2,5 km 5 min	
❸ **Brennerei Guglhof**	
12 km 15 min	
❹ **Döllerers Genusswelten**	
26 km 25 min	
❺ **Salzburger Dolomitenstraße**	
17 km 20 min	
❻ **Zur Sonnleit'n**	

EINFACH NUR GENIESSEN

Entlang der Salzach geht es nun südwärts nach Golling ▶ S. 87, *wo du im Feinkostladen von* ❹ Döllerers Genusswelten ▶ S. 87 *ein Genusspaket erstehst, bevor du dich auf die B162 in Richtung Lindenthal begibst. Von dort führt die B166, die wildromantische* ❺ Salzburger Dolomitenstraße *mit Blick in die Gebirgswelt nach Annaberg, Heimatort von Skistar Marcel Hirscher. Fahr von Annaberg wieder zurück nach Lindenthal und dann weiter nach* Abtenau ▶ S. 88. *Nun kehrst du im Genussbauernhof* ❻ Zur Sonnleit'n *(Mo, Do–So ab 16.30, im Sommer So ab 10 Uhr | Schratten 27 | Tel.*

0664 3 07 92 23 | sonnleitn-abtenau.at | €€) ein. Hier kannst du nicht nur herzhaft essen, sondern auch im Hofladen Bio-Mitbringsel shoppen und in einer „Troad-kasten-Hütte", einem Getreidespeicher, übernachten.

EINMAL AUFS SCHIFF

TAG 2	
30 km	35 min

Auf kurvenreicher Straße fährst du auf den Pass Gschütt (957 m), *der die Grenze zwischen Salzburg und Oberösterreich bildet. Bergab führt er auf die B 166 ins Salzkammergut, wo du nach* Hallstatt ➤ S. 76 *abbiegst. Park den Wagen und steig in ein Schiff der* ❼ Hallstattschifffahrt *(Juni–Okt. | 12 Euro | hallstattschifffahrt.at)* das dich vom Stadtzentrum in den südlichen Teil des Hallstätter Sees ➤ S. 76 *und wieder zurück schippert.*

❼	Hallstattschifffahrt

GUCKEN, SHOPPEN UND SCHLEMMEN

11km	15 min

Am Westufer entlang fährst du nun nach ❽ Bad Goisern. *Im dortigen* Handwerkhaus ➤ S. 77 *ist alte Meisterkunst nicht bloß museal zu bestaunen – im Shop gibt es tolle Stücke zu kaufen. Das* ❀ Arboretum *(Mai–Okt. frei zugängl., Führung nach Anmeldung ab 5 Pers. | Untersee 11 | Tel. 06135 76 02) mit mehr als 1000 botanischen Raritäten aus aller Welt kannst du kostenlos besuchen. Auf der B145 gelangst du nach* ❾ Bad Ischl ➤ S. 74, *wo*

❽	Bad Goisern

20 km	25 min

❾	Bad Ischl

Leckeren Proviant gibt's im Feinkostladen von Döllerers Genusswelten

du in der **Konditorei Zauner** auf ein Zaunerkipferl und eine Melange einkehrst. Im **Hutgeschäft Bittner** *(Mo–Fr 10–12 u. 14–17, Sa 10–13 Uhr | Auböckplatz 3 | bittner. co.at)* werden noch die originalen Ischler Hüte, wie Kaiser Franz Joseph I. sie trug, gefertigt – und auch verkauft, klar.

PICKNICK AM SEE

Von Ischl kommst du über Ebensee ➤ S. 81 am Traunsee entlang nach ❿ Gmunden ➤ S. 79, *wo du dem Keramikglockenspiel des Rathauses lauschen und am See flanieren kannst. Du verlässt Gmunden in Richtung Westen und kommst über den Weißenbacher Sattel zum Westufer des Attersees.* Lass die Tour mit einem Bad im ⓫ **Seebad Nussdorf** *(tgl. Mai–Sept. | Eintritt frei, nur Parkgebühr 4 Euro | attersee-baeder.at)* ausklingen. Nun kommt auch endlich der Picknickkorb zum Einsatz.

36 km 45 min

❿ **Gmunden**

60 km 1 h

⓫ **Seebad Nussdorf**

❺ ZU ALMEN UND SENNERN

➤ **Mutprobe im eiskalten Bergsee**
➤ **Das Tal von der Ferne sehen**
➤ **Auf Elektrizität verzichten**

📍	Hüttschlag	🏁	Sonneggbrücke
→	rund 42 km	🥾	3½ Tage, reine Gehzeit 17½ Std.
📊	mittel	↗	1000 m

Mitnehmen: Wanderausrüstung, Hüttenschlafsack
Achtung: Auf den blau markierten Enzian-Wegen bleiben! Infos: salzburger-almenweg.at (Etappe 15–17)
Das Wandertaxi bestellst du am Vortag bei **Taxi 600.**

GUT GEFRÜHSTÜCKT? – LOS GEHT'S!

Die Wanderung beginnt in ❶ **Hüttschlag** (1000 m) im hinteren Großarltal. *Von dort geht es auf der Straße taleinwärts über die Wolfaukapelle, bis vor Kartei*

TAG 1

❶ **Hüttschlag**

5500 m 2 h 30 min

links ein Fußweg abzweigt. Der führt – mit herrlichem Blick ins Tal – über das Oberstein-Gehöft und weiter über die unbewirtschafteten Almen ❷ **Halmoosalm** *und* ❸ **Karteisalm** (1661 m) *zum Karteistörl, einem offenen Gelände mit Lärchen.*

SPRUNG INS KALTE WASSER

Am Törl beginnt nun der schönste Abschnitt zur ❹ **Tappenkarseehütte** (1825 m) und zum ❺ **Tappenkarsee**, der an manchen Stellen bis zu 100 m tief ist und zu den höchstgelegenen Seen der Alpen zählt. Hartgesottene wagen ein Bad im Wasser, das sich auch im Sommer nur bis auf 14 Grad erwärmt.

VERSCHNAUFEN VOR DEM AUFSTIEG

Nach einem leichten Weg am See entlang und einer Rast auf der ❻ **Tappenkarseealm** *(Mai–Mitte Okt. | Tel. 06418 2 01 13 | €) mit guter Küche beginnt der sehr steile Anstieg zum* ❼ **Draugsteintörl** (2090 m). Oben hast du die höchste Stelle der Wanderung erreicht. *An den Flanken des Draugsteins geht es hinunter zu den* ❽ **Almen am Draugstein** *(Anfang Juni–Ende Sept. | Schrambachhütte: Tel. 06417 2 74 |*

❷ Halmoosalm	
2600 m	1 h 30 min
❸ Karteisalm	
3500 m	2 h 45 min
❹ Tappenkarseehütte	
1000 m	15 min
❺ Tappenkarsee	
250 m	5 min
❻ Tappenkarseealm	
1300 m	1 h 5 min
❼ Draugsteintörl	
1600 m	35 min
❽ Almen am Draugstein	

Verdiente Pause auf der Alm

Steinmannhütte: Tel. 06417 2 65 | steinmannbauer.at | €) auf 1778 m, wo du den Tag mit einer Hüttenjause ausklingen lässt, bevor du in der Schrambachhütte deinen Schlafsack ausrollst.

TAG 2

1700 m   1 h 10 min

❾ Filzmoossattel

800 m   50 min

❿ Draugstein

4900 m   1 h 45 min

⓫ Loosbühelalm

1500 m   30 min

⓬ Weissalm

1300 m   35 min

ALMENHOPPING

Am nächsten Tag führt dich der Weg an der Südwestflanke des Draugsteins (2356 m) vorbei. Mach einen Abstecher vom **❾ Filzmoossattel**, *wo du auf der Filzmooshöhe das „Strahlenkreuz" bewundern kannst, hinauf auf den* **❿ Draugstein**, *einen imposanten Kalkstein mit herrlichem Panoramablick. Für den Auf- und Abstieg kannst du rund eineinhalb Stunden einkalkulieren. Wieder zurück beim Filzmoossattel verläuft der Weg kontinuierlich 350 Höhenmeter zur* **Filzmoosalm** *(1710 m) hinunter und weiter zur großzügig ausgebauten* **⓫ Loosbühelalm** *(Mai–Mitte Okt. | Tel. 06414 40 80 | loosbuehelalm.at), die auf 1767 m liegt. Die Route führt dann vorbei an einer der ursprünglichsten Hütten, der* **⓬ Weissalm** *(Juni–Anfang Okt. | Tel. 0664*

Auf der Karseggalm wird gemütlich eingeheizt

4 37 80 20 | weissalm.at/hp | €) – probier dort unbedingt die hausgemachten Krapfen! *Folge dem Weg danach weiter, bis du mit der urigen* **⓭ Ellmaualm** *(Mitte Juni–Sept. | Tel. 0664 4 55 04 11 | ellmaualm-grossarl. at | €)* das Etappenziel erreicht hast. Hier können bis zu zehn Personen im Bettenlager übernachten.

SCHÖNSTES PANORAMA

Die dritte Etappe führt von der Ellmaualm über einen Höhenweg mit beeindruckenden Ausblicken auf die Hohen Tauern mit der Glocknergruppe und auf den Hochkönig. Einzig der Abschnitt von der **⓮ Hennerbichlalm** *(1825 m) zum* **⓯ Kartörl** (1911 m) ist steiler und deswegen anstrengender. *Von der* nicht bewirtschafteten *Kleinwildalm beginnt der Abstieg zur Großwildalm (1779 m) und weiter bergab über einen Güterweg rechts durch einen Fichtenwald zur* **⓰ Karseggalm** *(Juni–Okt. | Tel. 0664 9 96 21 88 | €)* (1603 m), der mit 400 Jahren ältesten Hütte im Großarltal. Hier geht alles etwas einfacher zu: Es gibt keinen Strom, gekocht wird über offenem Feuer, Käse wird geräuchert.

Mit einem phantastischen Blick ins Großarltal machst du dich schließlich an den *Abstieg zur* **⓱ Unterwandalm** *(Juni–Okt. | Tel. 0664 2 41 29 08 | €)*, wo oft musiziert wird und wo du ein letztes Mal auf dieser Tour übernachtest.

LETZTE ETAPPE

Nach einem großartigen Bergfrühstück *geht es hinab ins Tal.* Das Wandertaxi **Taxi 600** *(Anmeldung bis 20 Uhr des Vortags | Tel. 06414 6 00 | Preis 2,50 Euro pro Person | grossarltal.info)* bringt dich wieder zurück an den Startpunkt der Tour, die erste Haltestelle ist bei der **⓲ Sonneggbrücke** (1139 m).

⓭ Ellmaualm		
TAG 3		
1250 m	30 min	
⓮ Hennerbichlalm		
700 m	20 min	
⓯ Kartörl		
9200 m	3 h	
⓰ Karseggalm		
900 m	25 min	
⓱ Unterwandalm		
TAG 4		
2800 m	1 h	
⓲ Sonneggbrücke		

GUT ZU WISSEN

DIE BASICS FÜR DEINEN URLAUB

ANKOMMEN

Tägliche Direktverbindungen auf dem Luftweg nach Salzburg gibt es von Berlin, Düsseldorf, Frankfurt/Main, Hamburg und Köln mit *Lufthansa, Austrian Airlines, Eurowings* oder *Easyjet*. *Flughafen Salzburg*

GRÜN & FAIR REISEN

Du willst beim Reisen deine CO_2-Bilanz im Hinterkopf behalten? Dann kannst du deine Emissionen kompensieren *(atmosfair. de; myclimate.org)*, deine Route umweltgerecht planen *(routerank. com)* oder auf Natur und Kultur *(gate-tourismus.de)* achten. Mehr über ökologischen Tourismus erfährst du hier: *oete.de* (europaweit); *germanwatch.org* (weltweit).

W. A. Mozart (Tel. 0662 8 58 00 | salzburg-airport.com)
Auch für Zugfahrer liegt Salzburg günstig: Hier kreuzt die Westbahn (Wien–Zürich) die Nord-Süd-Verbindung von München nach Italien bzw. Slowenien. Zwischen Innsbruck und Salzburg führt eine Strecke durch das Salzachtal, eine zweite, schnellere über Rosenheim. Täglich fahren mehrere ICE zwischen Wien und Bregenz mit Halt in Salzburg.
Das Salzkammergut ist von Passau über Wels (ICE-Halt) zu erreichen. *Zentrale Zugauskunft (24 Std. Tel. 05 17 17 | oebb.at)*.

INSIDER-TIPP
Günstig reisen

Auf einigen Strecken verkehrt neben der ÖBB die *Westbahn* – wer genau schaut, findet für Fahrten zu weniger beliebten Zeiten reduzierte Ticketpreise *(westbahn.at)*.
Mit dem Auto ist Salzburg von München aus am besten über die A 8 zu er-

Bergpanorama statt ödem Mittelstreifen: auf der Großglockner-Hochalpenstraße

reichen. Die Westautobahn führt weiter nach Wien, die Tauernautobahn A 10 über den Lungau bis nach Kärnten. Auf den österreichischen Autobahnen ist eine *Vignette (Jahresvignette 93,80, für zwei Monate 28,20, für 10 Tage 9,60 Euro)* Pflicht. Vignetten für zwei Monate oder 10 Tage müssen gelocht werden. Sie sind an Tankstellen und in Automobilclubs an den Grenzen erhältlich. Es gibt auch digitale Vignetten *(asfinag.at).* Für die Gerlos Alpenstraße, die Großglockner-Hochalpenstraße sowie den Felbertauerntunnel besteht zusätzlich Mautpflicht.

Von Linienbussen wird Salzburg ebenfalls angesteuert. Wenn du mit dem Fernreisebus von *Flixbus (flixbus.de)* anreist, kommst du am Salzburger Hauptbahnhof oder am Park&Ride Süd an. Von Letzterem bringen dich die Buslinien 3, 7 und 8 ins Zentrum. Vom Hauptbahnhof hast du Anschluss an den Nah- und Fernverkehr.

WEITER-KOMMEN

AUTO

Die Höchstgeschwindigkeit auf Autobahnen beträgt 130, auf Bundesstraßen 100, in Orten 50 km/h. Die Promillegrenze liegt bei 0,5. Es besteht Anschnallpflicht, und beim Aussteigen auf Autobahnen und Landstraßen müssen Sicherheitswesten getragen werden. Das Telefonieren mit dem Mobiltelefon ohne Freisprechanlage ist verboten (Geldstrafe: 50 Euro). 1. Nov.–15. April: situative Winterreifenpflicht (Schneeketten, falls vorgeschrieben; Geldstrafe bei Zuwiderhandlung 35 Euro, bei Gefährdung anderer Verkehrsteilnehmer bis zu 5000 Euro). *ÖAMTC (Pannenhilfe Tel. 120 | oeamtc.at); ARBÖ (Pannenhilfe Tel. 123 | arboe.at)*

IN DER STADT

Salzburg ist eine Fußgänger- und Fahrradstadt. Solltest du mit dem Auto angereist sein, parke dieses im Hotel oder an einer der Park & Ride-Anlagen außerhalb des Stadtzentrums. Sich in den Pkw-Verkehr der Innenstadt einzureihen, ist nicht zu empfehlen.

Wenn du ein Leihrad nimmst oder zu Fuß durch die Stadt spazierst, sparst du viel Geld für teure Parkhäuser. Ein Fahrrad bekommst du z. B. bei *AVELO active (10 Euro für 2 Std., 20 Euro für 24 Std. | Staatsbrücke | avelosalzburg.com)* oder von *City-Bike (Anmeldung 1 Euro, 1. Std. gratis | Ferdinand-Hanusch-Platz | citybikesalzburg.at)*. Eine Taxifahrt innerhalb der Stadt kostet rund 7–10 Euro *(taxi.at)*.

ÖFFENTLICHE VERKEHRSMITTEL

Mit den Öffis geht es quer durch die Stadt, die kostenlose App *Salzburg Verkehr (salzburg-verkehr.at)* hilft bei der Wegplanung und zeigt alle Verbindungen ins Umland. Der öffentliche Verkehr ist an Wochentagen regelmäßig getaktet. Im Normalfall fahren mindestens drei Busse pro Stunde auf allen Linien. Ab Mitternacht und am Sonntag muss man länger auf die Stadtbusse warten. Tipp: Immer vorab prüfen, wann und ob die benötigte Linie fährt. Vor allem die umliegenden Regionen sind mit Bus oder Zug vom Salzburger Hauptbahnhof unkompliziert erreichbar, wenn man Zeit und nicht zu viel Gepäck hat. In den Süden des Salzburger Landes fahren S-Bahnen und die wesentlich schnelleren Regionalexpresse. Achtung: Wochentags bis ca. Mitternacht verkehren Züge und Busse regelmäßig, am Wochenende und in der Nacht wird es schwieriger. Von Salzburg in den Pinzgau oder Pongau kommst du am besten mit dem Mietwagen *(z. B. sixt.at)*.

IM URLAUB

EINKAUFEN

Supermärkte sowie Geschäfte schließen Mo–Fr meist um 18 bzw. 19.30 Uhr, am Samstag bereits um 17 Uhr. In größeren Tourismusgemeinden kannst du auch an Sonn- und Feiertagen einkaufen. Shops, die 24 Stunden geöffnet haben, sind hingegen eine Seltenheit im Salzburger Land. Banken öffnen Mo–Fr 8–12.30 und 13.30–15 bzw. 17 Uhr.

FEIERTAGE

1. Januar	Neujahr
6. Januar	Hl. Drei Könige
März/April	Ostermontag
1. Mai	Tag der Arbeit
Mai/Juni	Christi Himmelfahrt;
	Pfingstmontag; Fronleichnam
15. August	Mariä Himmelfahrt
26. Oktober	Nationalfeiertag
1. November	Allerheiligen
8. Dezember	Mariä Empfängnis
25. Dezember	Christtag
26. Dezember	Stephanitag

INTERNETZUGANG & WLAN

Das Mobilfunknetz ist bestens ausgebaut, darüber hinaus gibt es zahllose Möglichkeiten, gratis durchs Netz zu surfen. In der Stadt *(salzburgsurft.at)* wie auf dem Land – der Ausbau der

FESTE & EVENTS
RUND UMS JAHR

JANUAR

Perchtenumzüge an Dreikönig (6. Jan.): Maskenumzüge in vielen Salzburger Bezirken
Mozartwoche (Salzburg), *mozarteum.at*: zur Feier des Mozart-Œuvres

FEBRUAR/MÄRZ

Ausseer Fasching (Bad Aussee): Spektakel mit Flinserln (Foto) und Trommelweibern

MÄRZ

Rauriser Literaturtage, (Rauris): *rauriser-literaturtage.at*: deutschsprachige Autoren lesen in Bauernstuben

MÄRZ/APRIL

Salzburger Osterfestspiele, *osterfestspiele-salzburg.at*: Opern und Orchesterkonzerte

MAI/JUNI

Narzissenfest im Ausseer Land: Korso von mit weißen Narzissen geschmückten Autos und Booten, Ende Mai

JUNI

Sonnwendfeuer *(19.–21. Juni)* auf den Höhen der Hohen Tauern

JULI/AUGUST

⭐ 🚩 **Salzburger Festspiele,** *salzburgerfestspiele.at*: Kulturhöhepunkt mit dem legendären „Jedermann"
Samsonumzüge im Lungau, *lungauervolkskultur.com*
Jazzfestival Saalfelden, *jazzsaalfelden.com:* Ende Aug.

SEPTEMBER/OKTOBER

Ruperti-Kirtag (Salzburg), *rupertikirtag.at:* Domkirchweihfest
🎷 **Jazz in the City** (Salzburg), *salzburgjazz.com:* kostenloses Jazzfestival

NOVEMBER/DEZEMBER

Krampusläufe (Anif, Grödig, Sankt Johann), *stjohannimpongau.at:* Krampusse begleiten den Hl. Nikolaus am 6. Dez.
Christkindlmärkte: u. a. am Salzburger Dom, Schloss Hellbrunn, am Wolfgangsee und auf Gut Aiderbichl

Gratis-Netzzugänge schreitet zügig voran und macht auch vor Skigebieten und Thermalbädern nicht halt. In den meisten Hotels und Lokalen gehört eine kostenlose WLAN-Verbindung mittlerweile zum Standard.

POST

Das Porto für Standardsendungen (bis 20 g) EU-weit beträgt 1 Euro. Briefmarken gibt es in den lokalen Trafiken oder in den Filialen der POST AG.

WAS KOSTET WIE VIEL?

Einkehren	9 Euro
	für eine Almjause
Kaffee	3,80 Euro
	für einen Cappuccino
Mitbringsel	1,50 Euro
	für eine originale Mozartkugel
Sport	20 Euro
	Mountainbike-Leihgebühr/Tag
Tanken	1,40 Euro
	für 1 l Normalbenzin
ÖPNV	2 Euro
	für eine Busfahrt in Salzburg (VVK)

SALZBURG CARD

Mit der *Salzburg Card* und der *Salzburger Land Card* kannst du die Kultur in vollen Zügen genießen. Die *Salzburg Card* gibt es für 24 Std. (*26 Euro*), 48 Std. (*34 Euro*) und 72 Std. (*39 Euro*), Erhältlich bei Infostellen, an Hotelrezeptionen oder online, Infos unter *salzburginfo.at*. Sie gewährt einmaligen Gratiseintritt in Museen und Schlösser sowie andere kulturelle Einrichtungen, vergünstigten Eintritt für Veranstaltungen sowie die kostenlose Benutzung der öffentlichen Verkehrsmittel; und auch Packages sind möglich (Salzburg-Card plus Übernachtungen). Die *Salzburger-Land-Card (6-Tage-Karte 76, 12-Tage-Karte 88 Euro, Kinder 4–15 J. halber Preis, unter 4 J. gratis | salzburgerlandcard.com)* gewährt freien bzw. vergünstigten Eintritt für mehr als 190 Sehenswürdigkeiten und Attraktionen sowie Ermäßigungen für Verkehrsmittel. Es gibt sie in Tourismusbüros und online.

INSIDER-TIPP
Teuer kannst du dir sparen

STADTFÜHRUNGEN

Die Klassiker bewegen sich rund um die Altstadt. Ein Hit, vor allem bei amerikanischen Gästen, ist die *„The Sound of Music"-Tour (panoramatours.at)*. Außergewöhnliche und unterhaltsame Touren gehen über Mozart und Co. hinaus: *Salzburg Gruseltour (tourguidesalzburg.com), Kleine Bierwanderung (salzburg.info)* oder *Salzburg weiblich (salzburg-guide.at)* erzählen von spannenden Facetten ehemaliger und gegenwärtiger Salzburger. Täglich gibt es eine Mittagsführung durch die Altstadt (*12.15 Uhr ohne Anmeldung | 10 Euro | Mozartplatz 5 | ⏱ 1½ Std.*).

ZOLL

Innerhalb der EU dürfen Waren zum persönlichen Gebrauch frei ein- und ausgeführt werden: z. B. bis 800 Zigaretten, 200 Zigarren, 1 kg Tabak, 10 l Spirituosen, 20 l Likör, 60 l Schaumwein und 110 l Bier. *zoll.de*

NOTFÄLLE

DIPLOMATISCHE VERTRETUNGEN

Deutsches Honorarkonsulat: Dreifaltigkeitsgasse 11 | 5020 Salzburg | Tel. 0662 8 80 20 11 21 | salzburg@hk-diplo.de
Schweizer Konsulat: Morzgerstr. 44 | 5020 Salzburg | Tel. 0699 19 04 40 90 | salzburg@honrep.ch

GESUNDHEIT

Falls die Europäische Krankenversicherungskarte (auf der Rückseite der Chipkarte) nicht akzeptiert wird, musst du die Behandlung zunächst bar bezahlen und die Rechnung später bei der Krankenkasse einreichen.

NOTRUF

Der europaweite *Notruf 112* gilt auch hier für Notfälle aller Art. Alternativ gibt es folgende Notrufnummern:

Feuerwehr Tel. 122; Polizei Tel. 133; Rettungsdienst Tel. 144; Ärztenotdienst Tel. 141; Alpinnotruf (Bergrettung) Tel. 140.

WICHTIGE HINWEISE

NATURGEFAHREN

Wetter- und Lawinenwarnungen solltest du im Salzburger Land nicht auf die leichte Schulter nehmen. Wetterumschwünge geschehen oft binnen weniger Minuten, und einem Gewitter können heftige Stürme vorausgehen. Vor allem an Seen in den Bergen führen Fallwinde zu unerwarteten thermischen Veränderungen. Informier dich und richte dich nach den Warnungen und Warnschildern!

WETTER IN SALZBURG

| | Hauptsaison |
| | Nebensaison |

	JAN.	FEB.	MÄRZ	APRIL	MAI	JUNI	JULI	AUG.	SEPT.	OKT.	NOV.	DEZ.
Tagestemperaturen	2°	4°	10°	14°	19°	22°	24°	23°	20°	14°	8°	3°
Nachttemperaturen	-6°	-5°	-1°	4°	8°	11°	13°	13°	10°	4°	0°	-4°
☀	2	3	5	6	7	7	7	7	6	5	2	2
🌧	12	11	10	13	14	15	15	14	12	10	10	11

☀ Sonnenschein Stunden/Tag   🌧 Niederschlag Tage/Monat

URLAUBS FEELING

ZUM EINSTIMMEN & AUSKLINGEN

LESESTOFF & FILMFUTTER

SILENTIUM

Der Bestsellerautor Wolf Haas schickt seinen Protagonisten, Privatdetektiv Simon Brenner, glaubhaft und unterhaltsam durch seine Heimatstadt. Da stört man sich auch an der morbiden Geschichte mit schwarzem Humor kaum. Pflichtlektüre! (1999)

DER KLEINE GRENZVERKEHR

So bittersüß, wie Erich Kästner die Zeit um den Anschluss von Österreich an Deutschland im Salzburger Grenzraum beschreibt, schafft das sonst keiner. Auch die Liebe kommt nicht zu kurz. Zum nachdenklich Dahinschmelzen. (1938)

DIE BESTE ALLER WELTEN

Newcomer-Regisseur Adrian Goiginger hat seine Kindheit mit einer heroinabhängigen Mutter verfilmt und zeigt die weniger malerischen Seiten Salzburgs. Harter Tobak, der trotzdem ein gutes Gefühl hinterlässt. (2017)

THE SOUND OF MUSIC

Hit-Musical – die singende Familie Trapp entflieht dem Nationalsozialismus und hinterlässt eine Geschichte, die von Hollywood mit viel Aufwand ins Romantische gewendet wurde. Schauplätze aus dem Film sind bei Fans beliebte Pilgerorte. (1965)

PLAYLIST QUERBEET

0:58

**‖ SCHEIBSTA UND DIE BUBEN –
GERDA**
Echter Salzburger Hip-Hop mit
wunderbarem Wortwitz

**▶ THE SOUND OF MUSIC –
SIXTEEN GOING ON SEVENTEEN**
Hit aus dem gleichnamigen Musical. Ein Must bei einem Salzburgbesuch

**▶ STEAMING SATELLITES –
HOW DARE YOU**
Berühmte Salzburger Indie-Band
mit Kultstatus

**▶ W. A. MOZART –
EINE KLEINE NACHTMUSIK**
Um Mozart kommt man in Salzburg nicht herum. Beschwingte
Melodie für einen Stadtspaziergang

Den Soundtrack zum Urlaub gibt's auf **Spotify** unter **MARCO POLO** Austria

Oder Code mit Spotify-App scannen

AB INS NETZ

FRÄULEIN FLORA
Das größte Portal für junge Stadtkultur
in der Stadt Salzburg. Gibt Tipps von
Locals zu Essen & Trinken, außergewöhnlichen Orten und Events.
fraeuleinflora.at

BACKEN MIT CHRISTINA
Die bloggende, backende Bäuerin
aus dem Lungau hat mit ihrer Leidenschaft zu Brot und Co. einen regelrechten Hype ausgelöst. Auf ihrem
Blog teilt sie ihre Lieblingsrezepte mit
allen, die sie nachahmen wollen.
backenmitchristina.at

BERGFEX
Auf der Website überzeugt nicht nur
der Bereich mit Infos zum Sommerurlaub, sondern auch der Winter-Bereich mit Panoramakarten der Skigebiete für Touren- und Alpinskilauf.
bergfex.at/salzburg

BERGHASEN
Ein Outdoor-Blog für alle, die ihren
Urlaub gern sportlich angehen. Zwei
Bewegungsfreaks stellen ausführliche
Anleitungen zu Berg-, Ski- und Radtouren zur Verfügung.
berghasen.com

TRAVEL PURSUIT
DAS MARCO POLO URLAUBSQUIZ

Weißt du, wie das Salzburger Land tickt? Teste hier dein Wissen über die kleinen Geheimnisse und Eigenheiten von Land und Leuten. Die Lösungen findest du in der Fußzeile. Und ganz ausführlich auf den S. 18–23.

❶ Was meint ein Pinzgauer, wenn er von einer „gschtiaschten Möz" spricht?
a) ein frisch geborenes Kalb
b) eine wichtige Zutat für Bier, nämlich Malz
c) ein niedliches Mädchen

❷ Wasser marsch: Wie heißt Europas höchster Wasserfall, der im Salzburger Land liegt?
a) Krimmler Wasserfälle
b) Allerheiligen-Wasserfälle
c) Rheinfall

❸ Mit welchem Stück eröffneten die Salzburger Festspiele im Jahr 1920?
a) Die Zauberflöte
b) Jedermann
c) Così fan tutte

❹ Wie heißt der berühmte Salzburger Regen?
a) Garnregen
b) Strickregen
c) Schnürlregen

❺ In welchem Jahr wurde die Stieglbrauerei gegründet?
a) 1492
b) 1921
c) 1803

Stiegl hautnah erleben.

Tauchen Sie ein in Salzburgs Biererlebniswelt:
Die Stiegl-Brauwelt. Hier gibt es einiges zu entdecken.
Wie wäre es mit einem Blick hinter die Kulissen
während unserer Produktionsführung, einem frisch
gezapften Stiegl-Bier in unserer Gastronomie oder einem
Abstecher in unseren Braushop? Wir freuen uns auf Sie!

Unsere aktuellen Öffnungszeiten finden Sie auf
www.brauwelt.at

-20 % auf die allgemeine Führung

Mit dem Code **#marcopolo**
Einzulösen vor Ort oder Online unter
www.stiegl-shop.at / Gültig bis 31.12.2024

Stiegl-Brauwelt

SALZBURG

Bräuhausstraße 9 · A-5020 Salzburg · Tel.: +43 (0)50 1492-1492
www.brauwelt.at

REGISTER

LOB ODER KRITIK? WIR FREUEN UNS AUF DEINE NACHRICHT!

Trotz gründlicher Recherche schleichen sich manchmal Fehler ein. Wir hoffen, du hast Verständnis, dass der Verlag dafür keine Haftung übernehmen kann.

**MARCO POLO Redaktion • MAIRDUMONT • Postfach 31 51
73751 Ostfildern • info@marcopolo.de**

Impressum

Titelbild: Sulzenalm mit Bischofsmütze (Schapowalow: Rainer Mirau)
Fotos: AWL Images: N. Eisele-Hein (54/55); DuMont Bildarchiv (35, Anzenberger-Fink (66/67, 117, 124); f1online (38/39); M. Gruber (151); huber-images: M. Breitung (148), F. Cogoli (28, 52, 130), C. Dörr (106/107), G. Filippini (48), Gräfenhain (72), G. Gräfenhain (127), H.-P. Huber (77), B. Römmelt (78), R. Schmid (46/47); Laif: C. O. Bruch (6/7, 10), M. Dreysse (74), F. Heuer (140/141), P. Rigaud (24/25), C. Stukhard (86, 135), S. Zuder (8); Look: I. Kürschner (123), R. Mirau (Klappe vorne außen, Klappe vorne innen, 1), I. Pompe (138), T. Stankiewicz (137), A. Strauß (120/121); Look/Engel & Gielen (19); mauritius images: M. Gospodarek (20), D. Meyrl (82/83), R. Mirau (Klappe hinten, 2/3, 105), V. Preusser (65, 91), U. Siebig (60); mauritius images/ Alamy/Alamy Stock Photos: D. Kloeg (118); mauritius images/ Alamy/Alamy Stock Photos/Arterra Picture Library (110); mauritius images/age (100); mauritius images/Alamy: M. Benik (11), L. Paut-Fluerasu (146/147), A. Piatrova (30/31), H. Zapf (27); mauritius images/imagebroker (12/13, 92), N. Eisele-Hein (63), M. Moxter (45), M. Schmidt (95), M. Siepmann (103, 143); mauritius images/Westend61: M. Moxter (42), M. Siepmann (89), W. Weinhäupl (80/81), G. Wojciech (9); picture-alliance: F. Pritz (14/15, 132); picture-alliance/APA/picturedesk.com: H. Lehmann (51), S. Oberhauser (23); T. Stankiewicz (31, 113), vario images: J. Winter (115); vario images/Bildagentur Waldhäusl (70); vario images/ Westend61 (26/27, 32/33, 58, 96/97)

17., aktualisierte Auflage 2022

© MAIRDUMONT GmbH & Co. KG, Ostfildern
Autoren: Anita Ericson, Matthias Gruber, Siegfried Hetz
Redaktion: Franziska Kahl
Bildredaktion: Veronika Plajer, Gabriele Forst
Kartografie: © MAIRDUMONT, Ostfildern (S. 36–37, 122, 128, 131, 134, 139, Umschlag außen, Faltkarte); © MAIRDUMONT, Ostfildern, unter Verwendung von Kartendaten von OpenStreetMap, Lizenz CC-BY-SA 2.0 (S. 40–41, 56–57, 68–69, 84–85, 98–99, 108–109)
Als touristischer Verlag stellen wir bei den Karten nur den De-facto-Stand dar. Dieser kann von der völkerrechtlichen Lage abweichen und ist völlig wertungsfrei.
Gestaltung Cover, Umschlag und Faltkartencover: bilekjaeger_Kreativagentur mit Zukunftswerkstatt, Stuttgart; Gestaltung Innenlayout: Langenstein Communication GmbH, Ludwigsburg
Texte hintere Umschlagklappe: Lucia Rojas
Konzept Coverlines: Jutta Metzler, bessere-texte.de

Printed in Poland

MIX
Paper | Supporting responsible forestry
FSC® C018236

MARCO POLO AUTORIN
ANITA ERICSON

„Einfach unschlagbar, diese Kombination aus Bergen und Wasser", findet die ehemalige Globetrotterin, die gerne ins Salzkammergut oder nach Salzburg für einen Kurzurlaub katzenspringt. Ihr simpler, aber die Urlaubslaune zu retten vermögender Tipp: „Weil das Wasser mitunter auch von oben schnürlt, pack solide wetterfeste Kleidung mit ein und einen Regenschirm obendrauf."

DOM ZU SALZBURG

Entdecke die Geheimnisse des ältesten Barockdoms nördlich der Alpen – bei der **täglichen Führung** um 14:00 Uhr oder mit unseren **Audioguides** für Erwachsene und Kinder.

Schaue die **barocke Pracht** im Festsaal des Glaubens und finde in der mystischen Kunstinstallation in der **romanischen Krypta** zur Ruhe.

Lausche den sphärischen Klängen der einzigartigen **Orgellandschaft**, in jenem Raum, in dem schon Mozart musizierte. **Täglich** außer Sonn- und Feiertag bei „**Musik zu Mittag**" um 12:00 Uhr.

Erlebe 1300 Jahre Geschichte

SALZBURG-DOM.AT